重 新 定 义 思 想 之 美

U0275050

问道庄子

郑义林◎著

清华大学出版社

北京

图书在版编目（CIP）数据

问道庄子 / 郑义林著. -- 北京：清华大学出版社，
2024.8. -- ISBN 978-7-302-67009-4

Ⅰ. B223.05

中国国家版本馆 CIP 数据核字第 2024SQ9479 号

责任编辑：付潭蛟
封面设计：汉风唐韵
责任校对：王荣静
责任印制：刘海龙

出版发行：清华大学出版社
　　网　　址：https://www.tup.com.cn，https://www.wqxuetang.com
　　地　　址：北京清华大学学研大厦 A 座　　邮　　编：100084
　　社 总 机：010-83470000　　　　　　　邮　　购：010-62786544
　　投稿与读者服务：010-62776969，c-service@tup.tsinghua.edu.cn
　　质 量 反 馈：010-62772015，zhiliang@tup.tsinghua.edu.cn
印 装 者：河北盛世彩捷印刷有限公司
经　　销：全国新华书店
开　　本：146mm×210mm　　印张：6.875　　字　数：164 千字
版　　次：2024 年 10 月第 1 版　　　　　印　次：2024 年 10 月第 1 次印刷
定　　价：58.00 元

产品编号：105325-01

逍遥，放飞自我的大智慧

我们奋斗一生的终极目标是什么？99%的答案可以归纳为"得到想要的东西"。但得到之后会怎么样呢？得到财富的，为财富所束缚；得到名声的，为名声所束缚；得到爱情的，为爱情所束缚。

那该怎么办？庄子早早在两千多年前就给我们指出了一条正道："逍遥"——所谓"逍"是无拘无束，所谓"遥"是无穷无尽。

多少人曾经像那只自由自在的鸟儿，在天空中放飞自我，在追逐食物的过程中，越来越追求眼前的成功，不知不觉掉入了网索之中，结果呢，一个个从暴富到爆雷，还失去了自由。

看到郑义林先生的《问道庄子》，我十分欣喜。因为他说透了逍遥，给陷入名利之网的现代人放飞自我的大智慧。

在本书中，放飞自我不是随性而起，而是有方法，有路径，分为"起、承、转、合"四个层次。

起于与自己相处：改变能够改变的，接受不能改变的。

承于与他人相处：享受独处的乐趣，在人际关系中游刃有余。

转于与自然相处：顺应大自然，保护大自然。

合于与大道同游：由追求物质满足，到追求精神自由。

作为朋友，我眼中的郑义林就是一个溯源者。从经营实学到松下哲学，再到庄子思想。在纷乱的世界中找回我们曾经迷失的"道"。对于现代人，特别是对于在逆境中的企业家来说，这是一副深得庄子本意的人生良药。不是让我们躺平，而是教我们看透。

用庄子《在宥》中的一段话给其人其书做个评语吧："吾与日月参光，吾与天地为常。当我缗乎，远我昏乎！人其尽死，而我独存乎！"

庄子说的是：我将与日月同辉，我将与天地并寿。迎我而来，我不在意；离我而去，我也不在意。人不免于死去，我会独立存在！

我想与读这本书的人一起追求这种境界。

杨思卓

联合国可持续发展奖获得者

中商国际管理研究院院长

列日大学博士生导师

生命不只是化学反应

在收到郑义林老师邀请为其新作《问道庄子》撰写推荐序时，我感到既荣幸又忐忑。尽管我对庄子的了解有限，但对老子《道德经》的研究已有十余年。读完《问道庄子》，并结合我对《道德经》的学习体会，我更确信了老庄思想的核心——敬畏规律。

老庄哲学认为，宇宙规律，即"道"，是至高无上的。与之相辅相成的是"德"，代表人类对世界的认知和实践。一切存在都是道与德共同作用的结果，道为阳，德为阴，二者相生相克。

面对宇宙规律的深奥，人类尝试通过假设总结局部真理，指导实践。然而，这些局部真理有其局限性，难以完全拟合宇宙规律，也易导致教条或经验主义错误。老子提倡"玄之又玄"，即通过实践与理论的相互验证，实现知识的螺旋上升。庄子则主张超越物我，从宇宙整体视角理解万物。

敬畏规律的重要性在于，它指导我们以最小的能耗实现目标，避免陷入局部真理的局限。例如，一个遵循商业规律却失败的投资者，若能从宇宙规律的高度审视，便能更好地处理能量的得失，避免悲剧。

老庄思想强调，真正的德是与道合一的。老子的"上德不德"表明，最高层次的德即是道。而认知一旦偏离规律，便成为"下德"，失去了真正的价值。

我认为，康德的道德律与老庄思想有异曲同工之妙，但这并不重要。关键在于，我们应增强对中华文化的自信，发扬老庄的智慧。

郑老师的《问道庄子》正是在这样的背景下，提醒我们在快速变化的时代中，运用规律驾驭生活，成为自己命运的主宰。生命不仅是化学反应，更是每个人独一无二的旅程。重塑认知框架，我们才能实现从有待到无待的自由，实现心灵的解放，明辨真知，无为而治，活出精彩人生。

胡赛雄

企业管理资深顾问

华为"蓝血十杰"

华为原后备干部系主任

《华为增长法》《管理的力量》作者

庄子哲学思想的当代意义

庄子的哲学思想是深邃而丰富的，其核心可以概括为"道、无为、自由、自然"等概念。这些概念贯穿于他的作品中，形成了独特的哲学体系。庄子主张摆脱文化传统的束缚，并将其与"小智慧"和"大智慧"两种不同程度的认知联系起来。"小智慧"受限于琐碎之事，而"大智慧"则能超脱世俗，直指本质。一些学者认为，庄子的"大智慧"具有精神启蒙的意义，是一种神秘的洞察力或觉悟。

庄子探讨了人生态度和生死观，用自然天道观解释人的生与死，并要求人们正确看待人生遭遇的一切。他独创了一套学问，即"知登遐于道""心斋""坐忘""朝彻""见独"，希望人们把精神从苦难中解放出来。庄子对人类的生存有着深深的同情和悲悯，他的作品旨在把人从"自丧"中解放出来，求真、求善、求美，达到"至乐"之境。

庄子的哲学思想中包含了相对主义的观念。他认为，事物的是非、好坏都是人们主观判断的结果，没有绝对的标准。他通过许多寓言故事表达了这一观点，譬如"齐物论"中的"庄周梦蝶""秋水共长天一色"等。这种相对主义的观点强调了个体主观体验的重要性，反对绝对化的价值观。

　　庄子的哲学思想对中国佛教的发展，尤其是禅宗的发展产生了巨大影响。他还启发了中国山水画和诗歌创作。禅宗在日常生活中以"平常心"求道，庄子也以自然的方式去求"道"。虽然禅宗追求的道与庄子追求的道有区别，但两者都强调精神上的自由和解脱。铃木大拙先生曾说过："说庄子之启迪于禅宗，不如说禅宗之启迪于庄子。"这表明庄子的思想对禅宗有着深远的影响。

　　庄子的哲学思想在当代仍然具有重要的价值和意义。郑义林老师的《问道庄子》出版正当时，它可以帮助我们认识自己，理解生命的意义，以及如何在复杂的世界中找到内心的平静和自由。庄子的哲学思想告诫我们，要顺应自然，追求内心的平和与自由，这是对现代人的一种重要启示。

王德峰
复旦大学哲学院教授、博士生导师

推荐语

庄子毕生追求自由逍遥，这也是大多数人穷极一生的目标。然视通万里，方能思接千载，庄子之道如同流水，不拘一格，总是寻求变通之路。作为企业管理者，从入行第一步"正心态"开始，栉风沐雨几十载，今天回望，心态心境仍是最重要的——回归初心，回归本真，尊重规律。尤其在当下，关注管理者心态，关注企业家自身心态，极为重要。

管理，不是束缚，是解放，是碰撞。恰如管理的高明之处，我们常会提醒自己，置身"事"外，于远处，于宏观处扩大思想的自由度。

深圳汇基集团董事长 董承胜

庄子思想是朴素的自然主义、辩证的相对主义、高远的超世主义。《问道庄子》正是学习庄子的深刻眼光、高远境界、认真态度和超越精神。郑义林老师是我非常尊敬的一位作家，同时也是一位有素直之心的朋友。《问道庄子》是其继《攀登者》系列丛书后的又一力作。深入读完此书后，可以使读者不会恋恋于悦生恶死，不会汲汲于功名富贵，不会耿耿于是非得失，真正感受到逍遥自在的快乐。衷心希望大家能喜欢此书！

东莞市鼎正木业有限公司董事长 龚循勇

我们要接受生活中的不完美和不确定性。无论我们如何努力追求，生活中总会有一些无法改变的事实、局限和瑕疵。接受这个事实，并学会对生活中的挫折和失望保持足够的乐观和耐心，这样我们才能真正实现内心的平静和满足。止心是一种境界，止欲就是最高境界的最高自律，它放下了所有诱惑和苦恼，也摆脱了所有的牵绊和纠缠，专注于自己内心世界的丰盈和满足。品读郑义林老师的《问道庄子》，用绝对的自律去止心，我们一定能够换来绝对的内心自由。

深圳市鑫信腾科技股份有限公司董事长　郑国荣

郑义林先生以其深厚的学术背景和敏锐的洞察力，将庄子的核心概念如"逍遥游""齐物论""养生主"等进行了现代诠释。这些概念不仅在个人修养和精神追求方面具有重要意义，更为我们提供了在管理实践中实现平衡与和谐的宝贵建议。

《问道庄子》不仅适合对中国古代哲学、道家思想感兴趣的读者，更是每一位管理者和职场人士提升自我修养、优化管理实践的必读之书。郑义林先生通过这部作品，将庄子的智慧转化为易于理解和实践的生活哲学，希望大家能从中获得启发，在繁忙的生活和工作中找到宁静与自由，实现个人与职业的双重成长。

香港理工大学管理学博士　郭晓林

《庄子·人间世》讲"知其不可奈何而安之若命"，以企业家为例，也是指我们在了解宏观波动周期、产业生命周期、企业生命周期的大环境之后，能够定心、静心、安心、不动心，挖掘出企业家个人及自己企业存在的价值与使命，平和地安于当下，顺势而为不妄为，当然也要积极做好准备，迎接更大机遇的到来。让我们一起学庄子之人间清醒，得自己之喜悦自在。

深圳市卡的智能科技有限公司董事长 颜秉军

这本书比较独特，对我而言，它既是一本书也是一面镜子，给了我一次与自己对话的机会。郑义林老师带领我们走入庄子神奇多彩的隐喻世界，让我们与自己进行一场对话，真正领悟何为逍遥游。

广东乐天控股集团有限公司执行总裁 陈述伦

一个人要么有高远的志向并为之奋斗，要么有自由的灵魂且与世无争，很多人之所以痛苦是因为有欲望又不想努力，想洒脱却放不下牵挂。所以人的一生，要么叱咤风云，要么潇洒自如，非常荣幸能拜读郑义林老师的杰作，也祝大家能早日找到自己的人生定位，想得清楚、活得明白！

销帅（深圳）管理咨询有限公司创始人 姚长龙

读完郑义林先生的《问道庄子》一书，着实受益匪浅，庄子哲学与思想，能让我们在紧张、忙碌、焦躁的生活中，犹如看到了世界的另一片"净土"，更加懂得一种谋事在人、成事在天的释怀。

通过阅读这本书，我们能够感受到庄子对"人、事、物"的深刻分析和独特见解。这些思想帮助我们在浮躁的社会中找到内心的平静，认识到选择正确的方向比单纯的努力更为重要。庄子提倡的"无为而无不为"的理念，让我们领悟到在行动中寻求自然和谐的重要性。同时，通过理解世界的多样性，我们学会了在创业的艰难环境中安抚自己强大的内心，培养成为一个既有魅力又有担当，既有能力又有远见的企业领袖。

东莞市盈通电子科技有限公司董事长 钟奕怀

其实，每一个企业家或每一家企业都是不一样的。通过阅读本书，我了解到企业的经营方式必须打破传统思维，遵从人心、人性和规律，这样企业才能像个体养生、养心一样长存和发展。

作者也提示我们一定要找到人生和经营的真正意义，"心斋"的修炼，要遵道乘势，既要有鲲化为鹏的大志，又要避免焦虑，尊重事物发展的多样性和复杂性及处世之道。

深圳市星通时频电子有限公司创始人　陆建兵

庄子通过其哲学思想和智慧，为现代人提供了一种缓解焦虑的方法。他主张人们应摆脱外物的束缚，达到"无待"的境地，从而获得精神上的绝对自由。庄子认为，人生之所以有忧愁和烦恼，是因为人丧失了自己的本性，被外物所统治。

庄子通过故事形式将抽象难懂的哲学思想变得鲜活而亲切，使读者能够轻松愉快地理解和应用这些智慧。庄子的思想不仅帮助人们理解自己和世界，还能找到更健康、更积极的生活方式。

广州荣裕智能机械有限公司董事长　郑景文

在这个快速变化的时代，我们每个人都像是一叶扁舟，在生活的海洋中航行。有时风平浪静，有时又波涛汹涌。如何在这变幻莫测的海洋中找到自己的方向、实现人生的意义和价值，是每个人都在思考的问题。

庄子，这位道家学派的杰出代表，他的思想深邃而富有智慧。他倡导的"逍遥游""齐物论"等观念，为我们揭示了生活的真谛和人生的意义。在郑义林的笔下，庄子的哲学思想与现代生活紧密相连，为我们提供了一种独特的思考方式和生活方式。

愿我们都能在庄子思想的指引下，找到属于自己的那片星空，实现人生的价值和意义。

深圳市同创依诺数码科技有限公司董事长 成庆

庄子是道家哲学思想的核心代表人物，仔细研读理解下来，才发现真是"接地气"的人生哲学，为我们揭示了万物平等的世界观、逍遥自在的精神自由、无用之用方为大用、慈悲与智慧并行的安身立命之法，人生的任何一个方面都值得反复对照、思考与修炼。

尤其印象深刻的是"鲲化为鹏"所比喻的人生格局与境界，根本就不是我们容易误解的无为，庄子是告诉我们要"沉潜，怒而飞"，人生愿力和事业愿景，需要永远像鲲化为鹏一样的使命感，厚积薄发！而当事业出现挫折失败时，我们要学会借用庄子的另一种哲学力量："知其不可奈何而安之若命"！这是一种顺应和接纳的智慧，也是因上努力、果上随缘的坦然。

深圳市傲天科技股份有限公司总经理 陈习群

从《问道庄子》中，我读到了庄子提出的"天人合一"哲学思想。"天人合一"强调人与自然的和谐统一，认为人应当顺应自然规律，达到与宇宙万物的融合状态。庄子通过"坐忘""心斋"的方式，主张人们应摒弃自我中心，回归自然本真，实现内心的和谐与平衡。这种思想不仅体现在庄子的生死观、审美观和齐物论中，也强调了人与自然的共生共存关系。

深圳市唯特偶新材料股份有限公司董事长 廖高兵

为什么我们今天要读庄子?

真正读懂《庄子》的人,受益一生。

庄子距离我们有两千多年,为什么今天我们要读《庄子》?如果不搞清楚这个问题,就很难激发你的阅读兴趣。

明代有一位叫释德清的和尚,他讲《庄子》全书一共三十三篇,"只内七篇,已尽其意"。他强调内七篇在《庄子》三十三篇当中,是非常重要的。《庄子》分内篇七篇,外篇十五篇,杂篇十一篇,传统认为内篇是庄子思想核心。释德清和尚说:"学者但精透内篇,得无穷快活,便非世上俗人矣。"

一个和尚告诉我们,大家要读《庄子》,尤其是要读透《庄子》内七篇。没有读《庄子》之前,你可能还是一个俗人,你读了《庄子》之后,你就会成为一个雅人,甚至是成为一名高人。

日本一位研究庄子的学者,名字叫福永光司。我们很多人认为庄子消极避世,福永光司研究庄子后说:"《庄子》是一本慰藉心灵的书,是教会我在悲惨中微笑的书,是一本赋予我不屈不挠之心的书。"

那么，庄子的思想对于生活在现代的我们到底有什么用？我想从四个方面来阐述庄子哲学与思想对我们今天生活的启发。

第一，与自己要安

读《庄子》，首要的任务是"与自己要安"，什么意思？要立足于人生的当下，安于当下，安顿内心。《庄子·人间世》有一句经典名言，叫"知其不可奈何而安之若命，德之至也"。这句话曾经在网上特别火，什么意思呢？那就是知道很多事情是无可奈何的，是命中注定的，所以你要坦然地接受命运的安排，对于现实的无奈与残酷，要用平和的心态去面对。

这并不是消极的，庄子想告诉我们：人世间有很多事情是我们改变不了的，你不要轻易受喜怒哀乐情绪的影响，如果明知道生命中某些事情无能为力，客观条件不允许，那不如坦然接受命运的安排，这才是至高的德性。

若能力有限，就做分内之事，当我们的力量还远远不够时，那就遵从命运的安排吧。我曾经做过一个很有趣的假设，假如当年屈原跳入汨罗江之前遇到了庄子，他还会跳江吗？

庄子和屈原是同时代的人，他们有 50 多年时间生活在同一片天空下，所以庄子遇见屈原是完全可能的事。这一假设性问题留给大家去思考：庄子能否成功劝下屈原，挽救一个生命？当然，如果当年屈原没有跳入汨罗江，我们今天也不会有端午节。

第二，与他人要化

在《庄子·知北游》里，庄子借用孔子之口讲："古之人外化而内不化；今之人内化而外不化。"

庄子认为真正的处世高手是"外化而内不化"。什么是"外化"？"外化"就是与外界相处，要学会变通，要去适应环境，要搞好人际关系；什么是"内不化"？"内不化"就是无论外界环境如何风云变幻，都要坚持自己的原则和底线，不随波逐流。

可以说，"外化"是一种处世智慧，是一种最大限度地顺应外部世界、适应社会规则的智慧。每个人都不是孤立的存在，每个人都要扮演好自己的角色，承担在家庭、单位与社会中的责任，而且面对各种复杂关系，还要学会"融通"，这就是"外化"。很多成功的企业家，他们性格上可能是内向的，甚至是享受独处的，然而在商场上却能做到游刃有余，这正是"外化"的智慧。

"内不化"则是指内心要有自己做事的原则和底线，这个是做人的根本。最坏的情况是"内化"而"外不化"，内在没底线，没原则，与他人相处还很固执，很偏执，很傲慢，这样的人很难过好这一生。

所以，我们学习《庄子》，第一是"与自己要安"，第二是"与他人要化"，人无非就是与自己相处，与他人相处，这两件事构成了我们的人生。庄子说，做好这两件事，活在世上还有什么困难的呢？

第三，与自然要乐

道家强调人们要走进大自然，要欣赏大自然。庄子提倡"与自然要乐"。为什么？因为人的世界是不平等的。你可以问问自己，问问你身边的人这样一个问题："你觉得这个世界平等吗？"

我相信很多人的回答是："不平等。"有的人出身豪门，从小就锦衣玉食，享受着最好的教育，而有的人则出生在落魄的家庭，能不能吃饱饭都是问题。一个人出生的时代、家庭、外部环境等因素，已经基本上决定这个人的命运了。

庄子认为，大自然是最公平、最无私的。《庄子·天道》有言："知天乐者，其生也天行，其死也物化。"在这里，庄子发明一个词叫"天乐"。天，就是自然，乐，就是快乐。这句话的意思是懂得"天乐"的人，生的时候顺应自然的变化，死的时候也与万物融为一体。

所以，你想要得到真正的快乐，就要走向大自然。近年来，许多人热衷于去戈壁沙漠徒步，或是参加各类户外运动，其实是希望获得庄子所说的"天乐"，从大自然中去获得一种最纯粹、最无私的快乐。

相反，人的世界是不公平的，也不可能公平，所以，你不要想在人世间得到太多快乐，这是很难的。

第四，与大道要游

学习道家之后，懂得庄子之后，人生处处皆逍遥。为什么？因为道无处不在。懂道家的话，庄子一句话就够了，叫"天地有大美而不言"，天地之间是万物，它有无限的美妙。

所以，你读了《庄子》之后，到处都是美的东西：蓝天白云，花鸟鱼虫鸟鹊，湖海山川，一切都很美，世界上没有什么地方你非去不可，也没有什么事你非知道不可。你如果自己不懂道家，不读《庄子》，哪怕你跑遍全世界，照样不能安顿，照样不觉得美，照样不会快乐。

我记得希阿荣博堪布在《次第花开》一书中有这么一句话："有人居无定所地过着安定的生活，有人却在豪宅里逃亡一辈子。"

这讲得太好了。如果你内心不安定，无论住在多么豪华的住宅里，你都像是在逃亡一样不安；如果你内心安定，哪怕是居无定所，甚至是流浪街头，你依然能够做到内心平静、心情愉悦。

所以读《庄子》之后，懂得了与自己要安，与他人要化，与自然要乐，与大道要游这四句话就够了。当你把这四句话放在心上，幸福感马上就来了。

其实，人生不外乎就这四个方面：第一是与自己相处。第二是与他人相处。这两件事构成人类社会的基本关系。第三是与自然相处，大自然最无私，最公平，它自己发展出山河大地、日月星辰、鱼虫鸟兽，这就是大自然。最后一点，就是庄子所说的"逍遥游"之境，与大道同游，如何做到呢？这是一个漫长的求道问道之路，以及修身修心之路，在本书中将一一呈现。

郑义林

2024 年 3 月

目 录

逍遥游：
人生第一要务是获得终极自由

在这一篇章中，我们将深入探讨庄子哲学的核心——"逍遥游"，即追求一种绝对自由的人生观。

庄子认为，真正的自由不是物质上的富足或社会地位的显赫，而是心灵上的解脱和超越。这种自由体现在忘却物我界限，达到无己、无功、无名的境界，无所依凭而游于无穷之中。

在现代社会，人们往往被各种外在因素所束缚，包括出身、家庭、职业的影响以及社会的期待等。然而，真正的自由意味着摆脱这些束缚，追求内心的平静和自我实现。正如庄子所言，通过超越时间和空间的限制，摆脱客观现实的影响，人可以实现精神上的自由。

此外，自由不仅是个人追求的目标，也是人类共同的价值追求。无论是在整个人类社会，还是个体层面，自由都被视为最高目标。它超越了种族、社会、国家等界限，是每个人内心深处最渴望实现的状态。

读《逍遥游》，不仅是人们对古代哲学思想的一次回顾，也是对现代人生活状态的一次深刻反思。它启示我们，真正的自由不是简单的物理移动或行为上的自由，而是心灵上的自由和超越，是对生命意义的深刻理解和追求。

心灵的自由是人生第一要义

庄子的人生哲学，其核心在于追求心灵的自由与逍遥，并以审美的态度来体验和度过一生。这种哲学不仅体现了庄子对个体生命价值的重视，也展现了他对现实生存困境的一种超越。

在先秦诸子百家中，大多数偏向于对社会政治与伦理道德问题的探讨，而庄子的思想最独特，他思考和关注的重点，是作为人、作为个体生命的价值是什么？精神家园又在哪里？

诸侯称雄争霸，战乱不休，社会动荡，人民痛苦不堪。在这样的历史背景下，各家各派都提出自己的主张。以孔子和孟子为代表的儒家，提出"仁爱"的治国之道，以墨子为代表的墨家提出"兼爱非攻"的思想，尽管这些思想都具有深远的意义和价值，但在当时的社会背景下，由于过于理想化，未能被统治者所采纳。因此，孔子在周游列国的过程中遇到了重重困难，四处碰壁。

法家、兵家与纵横家反而被当时的各国君主所看重并采纳，然而这几家更多的是偏向术方面的应用，没有解决社会的根本问题，也不能维护社会的长治久安，更谈不上人性的圆满与完善。

再说说道家。以老子、庄子为代表的道家提出了"道生万物"和"道法自然"的核心观点，这些观点在政治领域体现为"无为而治"的治理思想。这里的"无为而治"并非简单的消极不作为，而是一种深邃的政治智慧和实践策略。"无为"，其实是"无为而无不为"。

虽然同样是道家学派的代表人物，庄子与老子在思想上存在着显著差异。老子主张救世，而庄子则转向救人，相比老子，庄子更加关注个体的精神自由和人格独立，他提倡超越现实束缚，强调通过内心的修炼和自我超越来实现精神上的自由。这种精神深刻地影响着中国的文人学者，也成为现代大学教育之自由精神。

透过战国时代的社会动荡和社会现实，庄子深刻地洞察了人性的弱点和人生的困境。庄子认为，人生面临着三大困境。

第一，社会之限：与自由的冲突

人的存在是社会和历史的，人的个体的自由从来都受限于社会和历史。庄子生活在战乱不断、社会动荡不安的时代，所以，人首先要面对的是生存自由的难题。

今天，如果你是生活在战乱的国家和地区，你连生存的自由都没有，能不能活着都是听天由命，更何谈梦想或是人生理想呢！人从来都是社会性的，社会历史的限制，是人生自由的第一大不可逾越的障碍。

庄子在《人间世》里，借用孔子之口说："天下有大戒二：其一命也；其一义也。子之爱亲，命也，不可解于心；臣之事君，义也，无适而非君也，无所逃于天地之间。"

庄子说，天下有两大戒律，没有人可以逃得掉，第一个叫"命"，第二个叫"义"。

首先是"命"。庄子提出"安命论"，庄子认为每一个人都有自己的命运。一个人来到这个世上，就被抛入一个巨大的系统之中，人生很难突破这个系统。这个系统就包括你所出生的时代、家庭、社会关系等，这些已经决定了你命运的绝大部分。

第二层是"义"。庄子认为，臣之事君，是一种基于道德原则的责任和义务，这种关系是普遍存在的，无论在哪里都不可避免地要面对君臣之间的关系。庄子对于这样的一种社会结构和礼仪规范，他并没有太多的评价，只是强调你不得不接受。

所以，对于这两大戒律——"命"和"义"，庄子说"无所逃于天地之间"。自从你来到这个世界的那一刻起，你就被套进这枷锁之中，无法逃避，无法抗拒。这是与生俱来的，你无法选择。正如法国 18 世纪的启蒙思想家卢梭所说："人生而自由，却又无往不在枷锁之中。"

既然忠孝是不可逃脱的义务，庄子说："自事其心者，哀乐不易施乎前，知其不可奈何而安之若命。"这是庄子对于人生困境和无常的认识。他认为，有些事情是人力无法改变的，因此，我们应该接受这些事实，顺应自然，乐天知命，转而追求心灵的自由。

第二，自我之限：情感与欲望

庄子认为，要实现心灵和精神的完全自由，除了社会和历史的限制外，还需要克服自我设限的情感和欲望。

《庄子·知北游》一篇中讲："哀乐之来，吾不能御；其去弗能止。悲夫，世人直为物逆旅耳！"意味着人的悲哀和快乐情绪的到来，我们无法控制或抗拒；它们要离开时，我们也无法阻止。这其实描述的是人对于哀乐的无力感，是与生俱来的，是人就有喜怒哀乐，是人就有七情六欲。

同样，庄子认为人的欲望也是人的本性所决定的，欲望也是造成痛苦的最大根源。庄子在《齐物论》一篇中讲："与物相刃相靡，其行尽如驰，而莫之能止，不亦悲乎！终身役役而不见其成功，苶然疲役而不知其所归，可不哀邪！"

在这里，庄子深深悲叹人的一生劳碌奔波，都在追求身外之物，空无意义。

"与物相刃相靡"意味着人的一生中，与外界事物的相互作用，充满了斗争和消耗，这种斗争和消耗使得人的生命变得短暂而疲惫。庄子认为，人们在一生中不断地追求成功和名利，但往往忽略了生命的真正意义和价值。他用"终身役役而不见成功"来形容那些终生忙碌却无所成就的人，以及"苶然疲役而不知其所归"来描述那些虽然努力但最终不知道自己为何而活的人。

庄子的这段话不仅仅是对个人命运的感慨，更是对整个社会现象的反思。他认为，人们应该超越物质世界的束缚，达到一种超然的生活态度。这种态度不是逃避现实，而是认识到万物的本质是平等的，没有绝对的好坏、是非之分。通过这种方式，人们可以达到一种内心的平和与自由，即所谓的"逍遥"境界。

回到庄子身上，《庄子·秋水》篇里讲了这样一个故事：

在濮水边，庄子正悠然自得地垂钓。这时，楚威王派遣两位大夫前来，他们对庄子毕恭毕敬地说："我们楚王非常希望您能出山，担任宰相。"

庄子听后，用一个比喻回答他们："我听说楚国有只神龟，已经活了三千年。当它被杀时，楚王将其甲壳珍藏于精致的竹箱中，并覆盖以华丽的绢布，供奉于太庙的神坛之上。这只神龟是愿意死后留下甲骨被人崇拜呢，还是更愿意活着，在泥塘中自由地爬行，摇摆着尾巴呢？"

两位大夫回答说:"当然更愿意活着。"

庄子接着说:"那么,请二位回去吧,我也宁愿活着,在泥塘里自由自在地爬行。"

在这个故事里,庄子拒绝了楚威王的邀请,他更想要的是追求自由自在的生活,而不是被高官厚禄所束缚。他的这种选择体现了他对人格独立和精神自由的重视。

庄子认为,人生的价值不在于外在的地位和财富,而在于内心的自由和精神的充实。因此,他宁愿像一只乌龟一样,在泥浆中自由自在地生活,也不愿意为了权势和富贵而放弃自己的本性和追求。庄子的这种生活态度和哲学思想,至今仍对人们有着重要的启示和影响。

第三,自然之限:难逃生死

庄子在《知北游》里讲:"人生天地之间,若白驹之过隙,忽然而已。"人在天地之间生存的时间非常短暂,就像白色的骏马穿过狭窄的缝隙一样迅速,转眼即逝。通过这个比喻,庄子强调了人生苦短和生命的脆弱。

人到了一定年纪,就开始害怕死亡,这是人之常情。

小时候,我们农村有一家棺材铺,这家人一直靠卖棺材为生,有一天,他们家 80 多岁的老母亲大限将至,然后儿子赶着时间为母亲打造一副棺木。老人家每天晚上躺在床上,听着隔壁房子在打磨棺材的声音,老人家其实心里挺害怕的,因为这一口棺材是为她准备的。

死是个人的事,不能由任何人来取代,每个人都必须面对它,没有其他人可以帮助你。你就算再富有,也不能花钱让别人来代替自己生老病死吧?所以,如何迎接死亡的到来,是每个人都要去面对的人生问题。

庄子强烈要求从这种人生困境中超脱出来，人要获得最终的自由，就要勘破生死关。那么，放在自己身上，庄子如何做到超乎生死的呢？《庄子·至乐》篇记录了庄子如何面对生死：

> 庄子将死，弟子欲厚葬之。
>
> 庄子曰："吾以天地为棺椁，以日月为连璧，星辰为珠玑，万物为赍送。吾葬具岂不备邪？何以如此！"
>
> 弟子曰："吾恐乌鸢之食夫子也。"
>
> 庄子曰："在上为乌鸢食，在下为蝼蚁食，夺彼与此，何其偏也！"

庄子临终前，弟子们计划厚葬他，但庄子对此感到十分难过，因为他认为弟子们未能勘破生死关。

庄子说，他将以天地为棺椁，日月为陪葬的美玉，星辰为珍珠，万物为殉葬，认为自己的葬物已经齐全。

弟子们饱含着眼泪，十分担心天上乌鸦和老鹰会吃掉老师的身体，庄子则幽默地回答说："既然天上有乌鸦和老鹰，地上也有蝼蚁，如果只给前者食物而不给后者，那不是太偏颇了吗？"

这就是庄子，到了生命的最后时刻，依然这么幽默有趣。公元前286年，庄子悠然而去，回归天地自然，很有诗意。

因此，"社会之限：与自由的冲突"，"自我之限：情感与欲望"，"自然之限：难逃生死"，是庄子认为人生所面临的三大困境，而要追求人生的终极自由，就要去面对和跨越这三大困境。

庄子所提倡的心灵自由，不仅深刻影响了古代文人志士的文化心态，对于现代人在快节奏、物质化的生活中寻找心灵的宁静与自由同样具有重要意义。简而言之，庄子的人生哲学强调以心灵自由为核心，通过审美的态度来体验生活，展现了其独特的魅力和价值。

鲲化为鹏：方向比努力更重要

《庄子·逍遥游》里最经典的是"鲲化为鹏"的故事，这不仅是一则富有想象力的神话故事，而且深刻影响了中国文化的多个方面。

《逍遥游》一开篇就给我们展示了一幅宏大的画面：

> 北冥有鱼，其名为鲲。鲲之大，不知其几千里也；化而为鸟，其名为鹏。鹏之背，不知其几千里也；怒而飞，其翼若垂天之云。是鸟也，海运则将徙于南冥。南冥者，天池也。

北海有条鱼，它的名字叫作"鲲"。"鲲"体型巨大，看上去可能有几千里。"鲲"原本的意思是小鱼子，非常小，那么庄子用这么小的鱼子去写一个特别大的东西，其实是一种夸张的写法，充满想象力。

"化而为鸟，其名为鹏。鹏之背，不知其几千里也。"大鸟出现了，小鱼变成大鱼，鱼又变成鸟，它的名字叫作"鹏"。"鹏"的背脊，看上去有几千里。庄子用这个鱼化为鸟，来突出鸟的自由。鱼在水里边，空间毕竟还是比较小，当它变成鸟飞上了天空，它的空间就更大了。

这里，第一个关键字是"化"，那么"鲲化为鹏"之后是什么样子的呢？"怒而飞，其翼若垂天之云"这里的"怒"字，特别形象，不是生气的意思，而是努力，努力飞到高空。大鹏鸟振翅飞翔起来，它的翅膀就像是挂在天空的云彩，似乎是要把整个天空遮住的样子。

"是鸟也,海运则将徙于南冥。南冥者,天池也。"这只鸟,海风大作的时候,汹涌的波涛会把它带到南海,南海就是天池。南冥天池是庄子虚构出来的一个地方,从北海飞到南海,代表着一个更高远的地方。

所以,这里大鹏不是单靠自己的力量的,它要"借势",这个"势",就是海运。这里有种"时势造英雄"的感觉,英雄是要借势的,但英雄在借势前,还有一步更重要的事要做,那就是"蓄势"。前面的小鱼变成大鱼,大鱼再变成大鸟,就是在"蓄势"。

在这里,我们要知道这个大鹏是什么?大鹏在古代,是东方部落崇尚的一种鸟叫"玄鸟",就是凤凰,通称"凤"。它本身是指四方之神,就是一种风神。

《逍遥游》一开始就讲"鲲化为鹏"的故事,并且整个故事贯穿于《逍遥游》的全篇,这一寓言故事为何如此重要?因为它是理解庄子思想的一把钥匙。从总体上讲,"鲲化为鹏"的故事是在探讨这样一个哲学命题:"生命要去往何处?"

两千多年来,有很多文人学者注解《庄子》,近代一位注解家严复的注解,颇有特色。

严复是 19 世纪末中国的一位重要的学者、翻译家和改良家,他对西方哲学和科学有很深的了解。严复对《庄子》一书也有独到的注解,他尝试将庄子的思想与西方的哲学或现代思想进行对接。

严复认为,西方在达尔文的进化论之后,人们认识到生物物种的演化,鱼变成鸟不是不可能的。只要时间拉得足够长,比如 3 亿年,甚至是 30 亿年去完成这样一个生命的进化。所以,"鲲化为鹏"是完全可能的。今天我们不禁要问:"庄子真的知道有物种的进化吗?"这是一个有趣的问题。

事实上,庄子是在讲一个生命如何去实现自我的改变,这是一个哲学命题。

那么，一个生命的改变，最重要的因素是什么？最重要的是有没有那个内在动机，这个动机是希望生命不困守在一个原有的已经完全习惯的环境。因为环境会改变，环境改变以后，这个生命要如何去适应一个新的环境，让自己能够从鱼变成鸟，然后飞起来。我想这是庄子在《逍遥游》里所要表达的一个重要的哲学问题。

接着，庄子描绘了大鹏鸟振翅飞起的整个宏大画面："鹏之徙于南冥也，水击三千里，抟扶摇而上者九万里，去以六月息者也。"

大鹏鸟迁徙到南海的时候，用翅膀拍击水面激起三千里的波涛，然后借着旋风盘旋飞翔到九万里的高空，而离开北海用了六个月的时间才停歇下来。

刚刚讲到"借势"，这里乘着六月的风就是一种借力，借力之前要做什么？要等待、培育和积蓄力量。

大鹏飞上九天，大家可以想象那个画面，如果拍成电影应该很震撼。有一部国产动画电影叫《长安三万里》，电影讲了唐代诗人李白的故事，一开始就讲"鲲鹏之志"，李白在读庄子的《逍遥游》。

事实上，"鲲化为鹏"的故事，对李白产生了深远的影响。在李白的诗歌中，大鹏不仅是自由的象征，也是惊世骇俗的理想和志趣的象征。李白在《上李邕》中写道："大鹏一日同风起，扶摇直上九万里。"这句话不仅表达了他对自由的向往，也体现了他对于理想境界的追求。

在传统的认知当中，世人多数认为庄子消极避世，这其实是对庄子的最大误解。《逍遥游》的开篇，庄子便展现了他宏大的志向：小鱼化为巨鲲，鲲化为鹏，鹏怒而飞，然后借着北海的东风，翱翔九天。试问，这哪里是"无为"呢？

所以，鲲鹏变化，人生岂止于此？人要去往何方？"逍遥游"代表着一种进取精神和探索精神，庄子在《逍遥游》开篇便提出了重大的哲学命题：我是谁？我从哪里来？我要去往哪里？

庄子说："天之苍苍，其正色邪。"当大鹏鸟扶摇直上九万里的时候，它在天空中所能看到的视角，肯定与众不同。

"鲲化为鹏，其志在天"。事实上，我想庄子是在借大鹏讲自己的人生理想，庄子就是那只大鹏鸟，他的人生终极理想是"飞天"，是探寻天道。

自由之境：突破时空的局限

《逍遥游》开篇，庄子为我们展现了"鲲化为鹏"的宏大画面，看到大鹏飞上九天，地上的蜩和学鸠不能理解，还嘲笑大鹏鸟。

蜩与学鸠笑之曰："我决起而飞，抢榆枋而止，时则不至而控于地而已矣，奚以之九万里而南为？"（《庄子·逍遥游》）

"蜩"是指寒蝉，就是天冷时候的蝉，学鸠就是小灰雀。地上的寒蝉与小灰雀嘲笑大鹏鸟说："你为什么要飞到九万里那么高，而且你还得等风来，你看我们都不用等风来，我们自己扇一下翅膀就飞上枝头。"

那么，大鹏怎么去面对蝉和小鸟对它的不理解呢？庄子有一句话概括得非常精练，他说："小知不及大知，小年不及大年。"意思是小智慧的不如大智慧的，寿命短的不如寿命长的。这里的"知"通"智"，指的是智慧；"年"则是指寿命。因此，这句话直接表达了庄子对于智慧和寿命的看法，即更广阔的智慧和更长久的生命是值得追求的。

换句话说，时间和空间限制了我们的想象力。当你和别人不在一个频道上的时候，其实是因为你们在时间和空间上对不上，那么这种时间和空间，就是一个人的格局和智慧了。关于这一点，庄子举了几个非常有趣的例子。

朝菌不知晦朔，蟪蛄不知春秋，此小年也。楚之南有冥灵者，以五百岁为春，五百岁为秋；上古有大椿者，以八千岁为春，八千岁为秋。而彭祖乃今以久特闻，众人匹之，不亦悲乎？（《庄子·逍遥游》）

"朝菌不知晦朔"，"朝菌"是一种很小的虫子，它不会知道一个月是什么含义，"晦朔"是指一个月的开始和一个月的终结。大家想象一下，一个虫子只能活一天的话，它早上起来吃点东西，中午忙碌了一下，下午收拾收拾，晚上就得准备去死了，就寿终正寝了，它怎么可能理解一个月的生活是什么样子的？庄子真的十分有趣。

"蟪蛄不知春秋"，"蟪蛄"是一种寒蝉，这种蝉只能活一个季度，也就是三个月，它怎么可能知道春夏秋冬一年意味着什么？所以庄子说，对待这样的我们要理解它们的不理解，因为它们的生命短暂。这当然是一个比喻，就是形容目光短浅，智慧不高，它们是没有办法理解大鹏鸟的理想和追求的。

庄子接着讲寿命长短，他说："楚之南有冥灵者，以五百岁为春，五百岁为秋"，"冥灵"是一种古老的树，这种树很长寿，五百岁为春，五百岁为秋，我们活一年，它就活多久呢？它就活了两千年，那么，这样的树，我们怎么去理解它呢？或许活得太久也是很孤独的。

还有更长寿的，"上古有大椿者，以八千岁为春，八千岁为秋"。上古时期有一棵树叫"大椿"，以八千岁为春，八千岁为秋，那么春夏秋冬它的一年就是三万两千年。然后，庄子提到了一个人叫彭祖，这个人据说是黄帝的第八代孙。彭祖很长寿，传说他活到了八百岁，今天在江苏徐州有一个公园叫"古彭公园"，就是纪念彭祖的。

前面讲的都是时间，接着庄子又谈及空间。

关于空间，庄子提出"其远而无所至极邪"以及"无极之外复无极也"，从空间的视角解读，可以理解为对宇宙无限性的哲学思考。

首先，"其远而无所至极邪"这句话表达了对天之遥远和无边无际的惊叹和探索。庄子通过这句话，揭示了宇宙的浩瀚无垠，以及人类在其中的渺小和有限。

进一步地，"无极之外复无极也"这句话则进一步深化了这一思想，强调了宇宙无限的概念不仅存在于我们的感知之中，而且这种无限性是循环往复、永无止境的。这不仅仅是对宇宙空间的描述，更是对宇宙本质的一种哲学思考，即宇宙本身就是一个不断扩展、不断循环的过程。

可以这么说，庄子的思想超越了当时的科学认知，试图通过对空间的无限性的探讨，来表达他对宇宙本质的理解和对生命意义的探索。他的这种思想，既是对传统空间观念的挑战，也是对人类认知极限的一种超越。

今天，我们从科学上对宇宙的认识，完全印证了庄子所说的"无极之外复无极"。庄子的"逍遥游"为我们拉开了一个无限的时间和一个特别宽广的空间，假设把我们放在这个维度里边，我们人类何以自处？把人放在一个浩瀚的时间空间的坐标系里，人必然是一个极为渺小的存在。

所以，庄子讲"小大之辩"，其实是要打开一个时间和空间的视野，而他在讲"小"和"大"的对比，是为了把人放在一个最恰当的位置，是为了打破自我中心主义。

如果一个人完全迷失在自我之中，一切都从我来想问题，就像小鸟一样，它看到的只有自己，所以它才会嘲笑大鹏鸟。在这里，庄子用这个小和大的对比告诉我们一个道理：首先是"对于你的不理解我表示理解"。所以我们看到小鸟多次嘲笑大鹏鸟，可是大鹏鸟从来没有回击小鸟，大鹏鸟从来没有回应说"你的格局怎么这么小""你真好笑"。

其次，庄子想要表达的是"你的不理解对我来说其实并不重要"。最重要的是我要飞往哪里，我要怎么拓宽我的眼界，这个眼界就是由时间和空间决定的。大鹏鸟是整个故事的主角，它自始至终不理会别人的评价，它只专注做一件事，那就是飞，等风来，然后飞，它不耗费精力跟那蝉和小鸟去争辩什么，它甚至都听不到它们的嘲笑。所以，真正的英雄，从来不会耗费力气在外物之上，也从不着急去证明自己，他们看到的是更大的世界。

今天，我们常说人的格局有大有小，什么叫格局？就是你站在什么时间维度去看问题，你是站在十年之后看今天的中国，还是站在五十年之后去看，如果你站得更长远，你得出的结论和生活的心态就跟现在完全不同。

中国的文字博大精深，"宇宙"，宇是宇，宙是宙，上下四方曰"宇"，古往今来曰"宙"，我们中国人是把时间和空间考虑在一起的，"古往今来"和"上下四方"同时要考虑，所以这样的视野才会更宽阔。

《庄子·天下》篇里有一句话："独与天地精神往来，而不傲倪于万物，不谴是非，以与世俗处。"这句话是庄子哲学精神和价值观的一个总纲。

首先，"独与天地精神往来"，把人的格局和视野放大到天地宇宙之间，才能突破时间和空间的局限。我们经常讲"大"和"小"，都是相对而言的。什么是大？仰望星空的时候你就会看到大。什么是小？反观自己在星空下的位置，你就是小。

所以，当我们站在一个更宏大的视角去思考，把自己变小，就会觉得眼前所面临的困难、压力，都不是问题。某一天，当你正在经历人生至暗时刻的时候，你会感觉那是天大的事，你感觉你都快坚持不下去了，好在关键时刻你没有放弃，你咬紧牙关，努力到无能为力，终于问题迎刃而解，你顺利渡过难关。后来，当你回忆起来，觉得过去的困难其实也没什么，人的一生要经历的事情很多。

"不傲倪于万物"，庄子教我们要谦卑，就是不管你的精神有多么的特立独行，都不去傲视万物，都不以别的东西为贱，以自己为贵，他是平等地看待世间万物，这就是庄子的平等心。

在庄子的眼中，不仅人与人之间是平等的，人与物之间也是平等的，他以平等心看待一只猫，一只狗，一朵花，一株小草，并没有觉得人就比它们高贵。因此，在对待万物的态度上，庄子实现了万物平等的理念。

"不谴是非，以与世俗处"，这句话的意思是，在面对世俗时，不应过分追究是非对错，而是要保持一种平和的心态，与世俗环境和谐相处。庄子认为，过于关注世俗的是非，不仅会让自己陷入无谓的争执和烦恼中，还可能因为过于执着而伤害到自己。因此，他提倡一种更为宽广和包容的生活态度，既不过分在意他人的看法和评价，也不强求自己去适应或改变那些自己无法改变的事物。

或许当我们的心气放下来的时候，我们就不觉得一件事的输赢有那么的重要，这也是庄子带给我们的一个重要的启发。

总之，庄子通过《逍遥游》，表达了对自由的理解，即生命的时空延展，不断突破旧格局旧境界，进入新格局新境界。庄子告诉我们，要达到自由的境界，就要突破时间和空间的局限，把时间拉长，把空间放大，让自己变小，你就自由了。

"有待逍遥"的三种境界

在《逍遥游》里，庄子一共讲了六种人，对应着六种不同的"逍遥游"境界。前三种叫"有待逍遥"，后三种叫"无待逍遥"。

"有待逍遥"是指需要依赖一定的外部条件才能达到的自由。"逍遥"是一个心灵的自由，可是，通往"逍遥"的路并不好走。庄子先列举了三种人，看看他们"逍遥"在哪里。

> 故夫知效一官，行比一乡，德合一君，而征一国者，其自视也，亦若此矣。（《庄子·逍遥游》）

庄子讲的"有待逍遥"第一种人是"君王"，泛指掌握着权力、财富、地位、荣誉的人。

作为一国之君，要治理好一个国家，需要有智慧、能力和德行，要做好一个君王，需要在方方面面都很强。那么这种人拥有金钱、德行、权力、地位，我们能想象的世俗的东西他都拥有了。那么，这样的人是否已经达到"逍遥游"的境界呢？

庄子说，作为君王他以为自己已经"逍遥"了，但其实他什么都放不下。因为他拥有的东西越多，他就越放不下，越害怕失去，所以反而内心越不自由。

"知效一官，行比一乡，德合一君，而征一国者"，庄子在这里泛指在各自的领域取得显著的成就和认可的人，这样的人放在今天就是所谓的"成功人士"。庄子接着说，"这样的人在社会上往往会有较高的自我评价，认为自己非常了不起"，这些自视过高的人，远远没有达到真正的"逍遥游"境界。

今天，不少企业家创造了巨大的社会财富，也实现了财富自由，他们拥有了声望，拥有了社会地位，也受人尊重。可是，如果你问他们过得逍遥吗？他们的回答是否定的。因为他们拥有的东西越多，就越放不下。到了这个位置后，企业家要考虑家庭、员工、社会、公司未来的发展以及接班人计划等，一定是放不下的。

所以，"有待逍遥"的第一种人，以"君王"为代表，拥有权力、金钱、地位、荣誉的人，在庄子的眼中，这只是"逍遥游"中最低的一个层级。财富自由不等于精神自由，权力和社会地位更不能实现心灵的自由。

而宋荣子犹然笑之。且举世而誉之而不加劝，举世而非之而不加沮，定乎内外之分，辩乎荣辱之境，斯已矣。（《庄子·逍遥游》）

庄子讲的"有待逍遥"第二种人叫"宋荣子"，泛指内心强大，有自己明确的价值判断和评价标准的人，这样的人不会因为别人的评价而受到影响。

庄子笔下的宋荣子，是战国时期的宋国贤人，是老子道家思想的传人，道行很高，那么，宋荣子能做到什么样呢？他看待君王，感到不屑一顾，至少是一笑了之，他觉得这样的人其实并不洒脱，并不逍遥。

那么，宋荣子达到了一种什么样的境界了呢？庄子说："举世而誉之而不加劝，举世而非之而不加沮。"什么意思？当一个人得到全世界的赞誉时，他不会因此而更加努力。这种情况下，他保持了自己的本色，没有因为外界的认可而失去自我。当一个人遭到全世界的批评或非议时，他也不会因此而感到沮丧或失去信心。这种态度说明了他对自己有着坚定的信念，不会因为外界的负面评价而动摇。

这个太不容易了，不得不说，这是一种心理相当强大的表现。我们都有虚荣心，别人赞美我们的时候，我们难免会骄傲，会飘飘然，而当别人嘲笑我们的时候，我们难免会感到沮丧、愤怒，这些都是人性中本来固有的，无可厚非。

宋荣子可以做到什么样呢？你可以赞誉我，但是我不是为了你赞誉我而去努力。我的努力完全是因为我内心知道，这是我要做的事情。这就是下面一句话："定乎内外之分，辩乎荣辱之境。"就是我知道什么是内在的我，什么是外物，什么是他人，你可以对我有赞誉，但是我不会受你的影响，所以这样的一个人就更加洒脱了。

"辩乎荣辱之境"是说，我知道什么是光荣，我知道什么是耻辱，那就对应了"举世而非之而不加沮"，全世界都觉得你这样做不对，你也不为此沮丧。为什么呢？

因为你心里明白，什么是荣，什么是辱，我们其实很容易拿别人的标准来衡量自己。那么宋荣子会说："我就不这样子，你认为我这样不对，只要我内心觉得这是一件光荣的事情，我依然可以坚持。"所以他的内心是十分强大的，他也是非常智慧的，他不用自己的生命去取悦全世界，而是踏踏实实地走一条属于自己的道路。

一般人都是重外轻内，即重视外在，轻视内在，甚至忽视了内在。庄子建议要倒过来，要重视内在，轻视外在，内在就是自己本身对自我的认识，自己本身所理解的人生的道理。

古今中外，许多伟大的思想家、艺术家、作家、诗人，他们都坚持了自己的道路，所以才会有超越时代的伟大作品诞生。

海子，一位在 20 世纪八九十年代影响了中国一代人的诗人，他的作品《面朝大海，春暖花开》《五月的麦地》和《以梦为马》至今仍被广泛阅读。

海子在他短暂的 25 年的人生中，一直在坚持写诗。有一次，他到一个酒馆，他说我已经没有钱了，穷困潦倒。他跟老板说："我给你写诗，你给我一碗酒喝好不好？"然后这个老板就跟他说："诗你就别写了，酒我给你喝。"这位老板根本不能接受海子在他的酒馆写诗或者朗诵诗。

海子坚持写了很多诗，在现当代诗歌史上占有重要的位置，也是因为他一直在坚持写诗，尽管别人嘲笑他，也不想听到他的诗，他依然把自己最好的才华奉献给了这个时代。

另一位是大名鼎鼎的画家凡·高，尽管他活着的时候一张画也没卖出去，还被人当成是"疯子"。然而，当他死后，他的画却价值连城，被公认为是一位超越时代的伟大艺术家，命运真的给他开了个天大的玩笑。

这些人都是超越时代的，他们都是庄子所说的"宋荣子"，有自己非常明确的理想和追求，有非常好的定力，不会因为别人的评价而改变自己。接着庄子讲了第三种人：

夫列子御风而行，泠然善也，旬有五日而后反。彼于致福者，未数数然也。此虽免乎行，犹有所待者也。（《庄子·逍遥游》）

"有待逍遥"的第三种人叫"列子"，泛指精神与形体可以分开，并且在一定条件下精神可以自由游走的境界。

列子，又名列御寇，是介于老子与庄子之间道家学派承前启后的重要人物。列子可以做到精神离开形体出去游走，"旬有五日而后反"，一旬就是十天，大概十五天之后他就回来了。这个其实是他练功夫的一种状态，阳神出窍飞出去了。

在《西游记》中，我们经常能够看到孙悟空的灵魂飞走而身体留在原地的情节。在这种情况下，猪八戒会不停地摇晃他，并大声呼唤"大师兄"，试图唤醒毫无感觉的孙悟空。

那么，列子就能做到阳神出窍，灵魂飞走了，可是也就十几天就得回来。这个实际上就是在练功打坐入定的时候，产生的一种精神的自由。庄子说，列子虽然很厉害，但他"犹有所待者也"，仍然是有条件的，什么条件？他需要风，御风而行，就像之前讲的大鹏鸟要飞上九天，需要借着北海的风。此外，列子的灵魂飞出去，最多15天就得飞回来，如果15天还不回来，那可能就真的回不来了，所以列子的逍遥游还是有条件的。

所以，"有待逍遥"的第三种境界，列子即使能够驾风而行，他的这种能力还是有所依赖的，也就是说，他的这种超脱状态并不是完全无拘无束的，还是需要一定的条件或前提。

在这一部分，庄子讲"逍遥游"的其中三种境界：君王、宋荣子、列子，其实都是大鹏的境界，他们的自由叫"有待逍遥"，有待逍遥是要依赖一定的外部条件的：君王依赖权力，宋荣子依赖他的定力，列子则需要依赖他的功力。那么，这三类人都是有一定的依赖性的，仅此已经很不容易了。

值得注意的是，我认为这三类人中，最值得我们今天学习的应该是第二种人宋荣子。当我们决定去做一件自己真正热爱的事情时，不应该过分在意他人的评价。因为伟大的事业和作品往往能够超越时代，所以别人不理解是很正常的。

"无待逍遥"的三种境界

庄子在《逍遥游》中阐述了两种不同的逍遥境界，分别是"有待逍遥"和"无待逍遥"。其中，"有待逍遥"是需要依赖一定的外部条件才能达到的，而"无待逍遥"则是指超越这些外在条件，达到一种内在的精神自由和自我实现的状态。

如果我们将这些境界比作旅游攻略的话，前三种境界可以被视为初级版，而后三种境界则属于进阶版。这是因为"有待逍遥"的境界，更多地关注于如何通过外在的努力和积累来实现个人的目标和愿望，而"无待逍遥"的境界则强调的是通过内心的修炼和对自然法则的理解。我们接着来看看庄子所讲的"无待逍遥"的境界是怎么样的？

若夫乘天地之正，而御六气之辩，以游无穷者，彼且恶乎待哉？故曰：至人无己，神人无功，圣人无名。(《庄子·逍遥游》)

庄子所讲的"无待逍遥"，包括了三种境界："至人无己，神人无功，圣人无名。"庄子说，如果你想获得真正意义上的逍遥和自由，你就必须成为一个这样的人。

"无待逍遥"的第一种境界，庄子称之为"至人无己"。这里的"无己"，并不是没有我，而是没有一个小我，没有一个只能这样的我，也就是不被固有思维、不被条条框框所约束限制。

　　庄子讲了一个"不龟手之药"的故事。话说宋国有一家人特别擅长制作不龟手之药，也就是冻疮膏，冬天的时候往上抹一下手就不会冻裂，已经冻裂了，抹一下也会很快愈合，这个药很管用。这一家几代人的职业是淘洗衣服，为了把洗衣服这个职业做好，他们专门发明了这样一个方子，可谓是祖传秘方。

　　有一天，从吴国来了一个不速之客，他说："你那个方子可不可以卖给我，我给你十倍百倍的钱。"这一家人商量了一下，觉得这个冻疮膏也赚不了多少钱，不如高价把配方卖给这个吴国人。

　　吴国人拿到药的配方之后，他干什么呢？他去游说吴王，正好此时吴国和越国在打仗。古代冬天打水仗的时候，手很容易冻伤，这位吴国人便向吴王提出，他有办法帮助吴国赢得这场战役。

　　吴王采纳了他的建议，任命他为将领，参与对越国的战争。这位将领成功地应用了这种药膏，保护了士兵的手部免受冻伤之苦，这一措施极大地提升了吴国军队的战斗力。最终，吴国在这场战役中取得了胜利，并且这位贡献显著的吴国人也获得了相应的荣誉和奖赏。

　　庄子讲这个故事，想要说什么呢？他想说同样是冻疮膏，如果你心里没有一个成见，没有一个固定的思维，你就会发现它有更大的用处。关键在于我们是否能够发现并珍惜它，这叫"若有大知，便成大用"。

　　所以，庄子所说的"至人无己"，具体来说你要放下对外物的固有认知，清除掉外物与自我的界限，从而达到忘掉自我的境界。这种境界不仅仅是忘记自我，更是一种与万物化而为一的状态，即超越了自我与外物的界限，达到了一种绝对自由、通达的境界。这是"无待逍遥"的第一种境界，接下来，我们看看第二种境界"神人无功"。

　　藐姑射之山，有神人居焉。肌肤若冰雪，绰约若处子。不食五谷，

吸风饮露。乘云气，御飞龙，而游乎四海之外。其神凝，使物不疵疠而年谷熟。(《庄子·逍遥游》)

"无待逍遥"的第二种境界，庄子称之为"神人无功"。无功，不去刻意追求功名利禄与建功立业，不为自己谋求利益和荣誉。这种境界体现了庄子对于人生价值观的一种深刻理解和把握，即确立成功上的正确价值态度和取舍，强调人生的成功动机和意图必须纯洁，而不是邀功巧取。

在这里，庄子讲了"藐姑射神人"的故事，这个藐姑射神人住在山上，这个神人是什么样子呢？"肌肤若冰雪"，她的肌肤像冰雪一样洁白，有点像白雪公主；"绰约若处子"，尽管我们不知道她实际活了几百岁、几千岁，但她看起来很年轻，就像处女一样柔美。

关键是藐姑射神人不食五谷杂粮，每天吸风饮露，什么意思呢？其实就是辟谷的状态。今天我们道家有辟谷疗法，就是不吃有形的东西，我想这是道家弟子根据庄子的这一段描写发明的辟谷疗法。

"乘云气，御飞龙，而游乎四海之外"，藐姑射神人每天乘着云气，驾驭着飞龙，遨游于四海之外，这里讲的是一种自由遨游的状态，可以轻松地上天下地，跟神仙一样。

"其神凝，使物不疵疠而年谷熟"，她的神情那么专注，使得世间万物不受病害，年年五谷丰登。藐姑射神人在护佑着世间万物，却从不论功劳，不要美名，这样的人已经达到一种超凡脱俗的境界了。

庄子的想象力真的很丰富，虚构了这样的神人，自己不吃五谷杂粮，却在护佑着世间万物，让百姓吃得上饭；她每天吸风饮露，却能永葆年轻，然后每天能腾云驾雾，逍遥自由。想象一下，就是一位活神仙。

总的来说，"神人无功"是庄子哲学中的一种理想境界，它强调的是超越世俗功名利禄的精神自由和内在满足,通过修炼达到与自然和谐共处的最高境界。这种境界的人,他们的生活和行为不再是出于对外界评价的依赖,而是出于对生命意义的深刻理解和对自然法则的顺应,从而实现了真正的自我超越。接着我们再看看"圣人无名"。

尧让天下于许由,曰:"日月出矣,而爝火不息,其于光也,不亦难乎!时雨降矣,而犹浸灌,其于泽也,不亦劳乎!夫子立而天下治,而我犹尸之,吾自视缺然。请致天下。"

许由曰:"子治天下,天下既已治也,而我犹代子,吾将为名乎?名者,实之宾也,吾将为宾乎?鹪鹩巢于深林,不过一枝;偃鼠饮河,不过满腹。归休乎君,予无所用天下为!庖人虽不治庖,尸祝不越樽俎而代之矣。"(《庄子·逍遥游》)

"无待逍遥"的第三种境界,庄子称之为"圣人无名"。无名,即不追求名利,不追求权力和地位。这是一种无欲无求的境界,也是一种超越自我和追求精神上绝对自由的境界。

庄子在这里讲了"许由拒绝接受天下"的故事。尧是上古五帝之一,开启禅让制先河,他传贤不传子,听说许由贤良,就想把天下禅让给许由。见面时尧对许由说了很多赞美的话,他说:"你就像是太阳月亮出来了,而我这个火把的光亮实在是太渺小了。如果天下让你来治理,定会百姓安居乐业天下太平,我越看自己就越感觉自己的能力不足,请让我把天下交给你吧。"

许由拒绝了尧,他遵循"圣人无名"的原则。他对尧帝说:"在你的治理下,天下已经很好了,我去代替你,难道只是为名为利吗?"

许由拒绝尧的禅让,因为自己心中无功、无名,天下已然大治,君位对他来讲毫无意义。所以他讲一句："天下虽大，非吾所用。"

这三种境界庄子称之为"无待逍遥"，庄子有一句话总结："若夫乘天地之正，而御六气之辩，以游无穷者，彼且恶乎待哉！"就是你如果把握到了天地的正道，就可以应对一切变化，而不需要依赖外部的其他条件。所以，"无待逍遥"的关键是把握天道，应对万变，即所谓"若知天道，便是逍遥"。

我们还记得大鹏飞起来，有一句话叫"天之苍苍，其正色邪"。就是天地的那个正道是什么呢？这也是道家里面很重要的一个概念，就是道是整个宇宙的规律。如果你符合了规律，符合天道，做事情才会成功，内心才会逍遥。

那么，"无己、无功、无名"，这三者为什么说它符合宇宙的规则呢？至人、神人、圣人，他们放下自己内心固执的东西，放下了外在的束缚，而选择了顺应规律，顺应天道，所以获得了最终的逍遥游。

求知做加法，修心做减法

庄子提倡的"无己、无功、无名"是达到精神自由的境界，这一理念旨在引导人们超越世俗的功名观念，实现生命的完整和人生的自由。要实现这一境界，需要通过特定的方法论来实践，即"求知做加法，修心做减法"的过程，实现心灵的净化和提升。

这种方法论体现了庄子哲学中对于自然和谐与个体精神自由的追求。通过顺应自然本性，不以自我意志干预自然，从而达到一种无须外物依赖的精神自由状态。此外，庄子还提出了"心斋"和"坐忘"两种方法，作为实现心灵超越和进入自由境界的具体途径。因此，通过学习和实践这些方法，人们可以逐步接近并最终实现"无己、无功、无名"的理想状态。

提到这个主题，我们得先从道家的创始人老子说起。老子在《道德经》第四十八章里讲："为学日益，为道日损，损之又损，以至于无为，无为而无不为。"这句话基本上算是道家的纲领性主张了。

"为学日益"，为学求知要做加法，每天要学习很多东西。我们从小学、中学、大学、硕士生到博士生，一直都在求学。然后出来工作，还会参加各种职业技能学习，报读各类商学院课程等。我们一路是干吗的呢？增加我们的知识，提升我们的认知。"为学日益"实际上是在告诉我们，学习是一个永无止境的过程，需要我们不断地探索、学习和进步。

"为道日损"，为道修心要做减法。把我们学的东西全部消化之后，变成一个简单的生活法则，这个其实很不容易。然后，"损之又损"才能达到"无为"，如果真的做到"无为"了，就"无所不为"，任何事情都能成功，这叫"无为而无不为"。为什么呢？因为你理解了道，掌握了一个最简单的法则，并按照这个法则来指导我们后面的所有事情。

美国桥水基金创始人瑞·达利欧，通过对自己人生成功过程的反思，写成了一本畅销全球的书——《原则》。达利欧试图提供一套能通用的理念，帮助人们在生活中做出正确的选择。

在书中，达利欧结合自身的经历，列出了在生活和工作中自己认为最重要的一些原则，这些原则是他多年来世界观和人生智慧的总结。其中的底层逻辑就非常符合"为学日益，为道日损"的道家思想。你会发现，人生的成功与失败，最后总结起来就是那数十条原则。

日本作家山下英子写了另一本畅销书《断舍离》。"断舍离"一词可以跟我们的"日损"完全对应，作者在这本书里表达的思想也确实是受了中国道家思想的影响。

作者在这本书里建议我们要"断"什么呢？不要买那些多余的东西，没有用的东西，断掉你的各种购物的欲望。那么，"舍"是舍掉什么呢？是你家里边要清理掉，舍掉那些废弃不用的东西，把家里清空，变得很舒适很宽敞很自由。那么"离"又是什么呢？就是远离各种诱惑，我们今天讲的"无己无功无名"，都是我们"离"的这个内容，即远离功名之心和各种欲望。

所以，"断舍离"一度成为中国很火的一个词，每个人都说我们要"断舍离"，其实真正能做到的人并不多。现在各种网购实在是太方便，我们打开手机，可能就不自觉地买了一些我们本来不需要的东西。

所以，在我们生活中，你真正要做到"为道日损"，那是一种功夫，是一种修行。那么，庄子提出了两个功夫论："心斋"和"坐忘"。

"心斋"这一概念，大家可能都听说过。它实际上意味着"斋心"，即心灵的净化和自我约束。在庄子的思想中，"心斋"不仅仅是一种外在的仪式，更是一种内在的精神修行。通过摒弃杂念，达到心境的虚静和纯一，从而洞察万物的本质和真理。庄子认为，只有当心灵如同一间空屋一样，没有任何杂物阻挡时，外界的事物才能真正地进入我们的内心世界。这种状态不仅仅是对物质欲望的摒弃，更是对心灵深处那些阻碍我们认识真实自我的障碍的清除。

庄子提出了一个概念，称为"虚室生白"。这个概念比喻说，如果一个房间被杂物堆满，那么光线就无法照射进来。同样地，只有当我们的内心世界清空了杂念和欲望，才能让智慧和真理的光芒照进来。在这种状态下，我们的心灵仿佛自己产生了光明一样。因此，"虚室生白"

不仅是庄子哲学中的一个重要概念，也是他关于修炼功夫的论述之一，强调的是心灵的净化和空明。

下一句"吉祥止止"，意味着喜庆好事的征兆不断涌现，只有当心灵达到一种空灵的状态，即去除杂念和尘埃，才能真正感受到生活的美好和幸运的到来。这与我们今天面临的现实形成鲜明对比：我们拥有的太多，以至于对缺乏的感受变得麻木，这种状态下的"缺乏"实际上是一种真正的匮乏。因此，我们需要学会清空自己，让心灵回归自然和简单，这样才能重新发现生活中的美好和幸福。

我们再讲讲庄子的"坐忘"。"坐忘"就是打坐，跟佛教的"禅修"很像，本质上有相通的地方。"坐忘""禅修"都是一种修心的方法，目的是让我们减少受到外界的干扰，减少各种欲望，而专注于内心，修炼一颗清净心。

1972 年，苹果公司的创始人史蒂夫·乔布斯决定戒除大麻，这一过程对他的意志力提出了极大的挑战。成功戒除后，他开始专注于禅修，并坚持每天进行一段时间的静坐练习。通过这种方式，乔布斯不仅找到了自己的本心，还探索到了心灵的直觉，这些直觉比理性更有意义。他的这种生活方式和精神追求，对他后来的成功产生了深远的影响。

在静坐禅修时，乔布斯会将多种设计方案放置于一旁。完成禅修后，他会选择一个设计方案进行深入思考。他在禅修的时候，还让助理给他拍了照片，然后他亲自给这个照片题词，他说："这就是我非常经典的时刻。"

乔布斯说："我人生的需要，不过就是一盏灯，一杯茶和一个音箱，这就是我生命的全部。"

我们想一想，这样一个富可敌国的人，他其实拥有的东西，或者说他真正想要的东西就是这么多，这是他在禅修时候的一个体验。所以乔布斯在设计产品时，他也本着一个"不立文字，直见当下"的一种方式，直指人心。

乔布斯以其独特的简洁思维，开创了众多新颖的设计风格。他思考了一个问题：既然所有的电子产品都需要按钮，那么是否有可能创造出超越按钮的存在呢？这种思维模式就是完全摒弃了对按钮的依赖，进而催生了触摸屏技术。可以说，打坐禅修为乔布斯的设计思维提供创新源泉。

所以，乔布斯的禅修不仅有了一个人生的体验，还对他的产品设计有非常大的启发。这就是我们个体的内心和宇宙相交接的时候，带来了很多思想和智慧的光芒。

所以，为学日益，为道日损，回到我们今天的生活，就是要学会"断舍离"。今天我们拥有的物质方面的东西太多，精神上反而变得贫乏了。一方面，我们应该通过阅读、思考、与有智慧的人交流来丰富自己的精神世界；另一方面，我们也要通过实践"断舍离"的生活方式，更好地管理自己的生活和心态，从而实现物质与精神的和谐统一。

此外，庄子还教会我们为道修心的两个功夫论：一个叫"心斋"，一个叫"坐忘"。人生是一场向内探索的旅程，生命只为体验而来，重点是专注于当下，找回纯粹美好的心灵，体验幸福的人生。

无用之用，方为大用

庄子的《逍遥游》，如果说有两个主题的话，一个叫"小大之辩"，一个叫"无用之用"，庄子认为，有些看似无用的行为或事物，实际上却具有深远的意义和价值，这便是庄子的"无用论"。

庄子的"无用论"主张超越物质利益，倡导一种更为宽广和深刻的人生理解。在探讨这一理论时，庄子通过一系列生动的故事来阐述其观点。例如，他提到了世界上最大的葫芦、最没有用的树以及最冤枉的大雁，这些故事都源自庄子的笔下。

庄子认为，看似无用的事物，在特定的视角下可能转化为有用之物。这种思想体现了庄子对于"无用之用，方为大用"的深刻理解。庄子的这种哲学思想，不仅仅是对个人生活态度的指导，也是对人与宇宙关系的一种深刻洞察，旨在引导人们超越物质追求，达到精神文化的自由审美。

先看看庄子关于"无用论"的第一个故事：大葫芦无用之用。在《庄子》里有一个非常重要的人物，这个人叫惠施，也叫惠子。惠子是中国名家学派的一个重要的代表，名家是搞辩论的。惠子也是庄子一生当中非常重要的朋友，我们在《庄子》中会多次见到惠子。

惠子谓庄子曰："魏王贻我大瓠之种，我树之成而实五石。以盛水浆，其坚不能自举也；剖之以为瓢，则瓠落无所容。非不呺然大也，吾为其无用而掊之。"

庄子曰："……今子有五石之瓠，何不虑以为大樽而浮乎江湖，而忧其瓠落无所容？则夫子犹有蓬之心也夫！"（《庄子·逍遥游》）

惠子对庄子说："魏王赠送给我大葫芦的种子，我将它种植成熟后，结出的果实有五石的容积。用这个大葫芦来盛水浆，但是它的坚固程度却不足以支撑水的重量；如果把它剖开做成瓢，那么这个大瓢又太大，没有合适的容器能够容纳它。这葫芦不可说不大，但我认为它因为太大而无用，所以就把它砸破了。"

惠子认为，一个物品如果没有实际的用途，即使再大也是无用的。在这个故事中，惠子实际上是想借用大葫芦的例子来讽刺庄子的学说，认为庄子的理论虽然宏大，但缺乏实际应用的价值，正所谓"大而无用"。

庄子则回应说："夫子固拙于用大矣！"庄子意思是，惠子你在使用大的东西方面确实显得有些笨拙。接着，庄子用了一个比喻来进一步阐述他的观点："今子有五石之瓠，何不虑以为大樽而浮乎江湖，而忧其瓠落无所容？"意思是，如果你有一个能容纳五石的大葫芦，为什么不考虑把它做成一个大容器，让它能够浮游在江湖之上呢？你为什么还要担心这个大葫芦没有地方放置呢？

最后，庄子用"则夫子犹有蓬之心也夫！"给予驳斥，指出惠子的心思就像被茅草堵塞了一样，无法通达。这里的"蓬之心"指的是心胸狭窄、见识有限的心态。

总的来说，这段对话反映了庄子对于实用主义和形式主义的批判。他认为，人们往往因为过于注重事物的实用性而忽略了更深层次的价值和可能性。通过这个故事，庄子传达了他对自由、超越和内在价值的追求。我们再来看看庄子笔下无用的大树。

惠子谓庄子曰："吾有大树，人谓之樗。其大本拥肿而不中绳墨，其小枝卷曲而不中规矩，立之涂，匠者不顾。今子之言，大而无用，众所同去也。"

庄子曰："……今子有大树，患其无用，何不树之于无何有之乡，广莫之野，彷徨乎无为其侧，逍遥乎寝卧其下。不夭斤斧，物无害者，

无所可用，安所困苦哉！"（《庄子·逍遥游》）

惠子对庄子说："我有一棵大树，人们都叫它樗。它的树干上长着许多赘瘤，不符合直线切割的标准；它的树枝卷曲，也不符合尺规裁切的标准。即使它长在路边，木匠们也不屑一顾。现在你所说的道理，虽然宏大却无实际用途，终将被大家所抛弃。"

这段话惠子借用樗树的例子，直接批评庄子的思想和理论"无用"。樗树因其形状古怪、不规则，被视为无用之才，这与庄子提倡的"无用之用"相呼应。在《逍遥游》中，庄子通过樗树的故事，表达了一种超脱实用主义，追求精神自由和内在价值的思想。惠子的比喻意在指出庄子的观点虽然高远，但在现实中却难以被接受和应用，因此被认为是"大而无用"的。

庄子回应说："如果你有一棵大树，担心它没有用处，为什么不将它种植在空旷无人的野外，在它旁边自由自在地漫步，在它的下面安心地休息呢？这样，它就不会受到砍伐的威胁，也不会受到任何伤害，因为它没有被使用的价值，所以也就不会有什么困扰。"

庄子认为，万物都有其存在的价值和意义，不仅仅局限于人类的实用主义视角。就像那棵大树，虽然在木匠的眼中看似无用，但实际上它超出了常规的功用范围，以存身保命为用。这棵树的存在本身就是一种价值，它的存在证明了生命的多样性和丰富性。庄子通过这个故事告诉我们，不应该仅仅从实用的角度去评价一个事物的价值，而应该看到每个事物自身独特的价值和意义。

此外，这个故事也体现了庄子追求的逍遥游的生活态度。庄子认为，只有忘却物我的界限，达到无己、无功、无名的境界，无所依凭而游于无穷，才是真正的逍遥游。

所以，这棵大树的故事，寓意跟前面的大葫芦是一样的：我们要如何摆脱实用主义的思维，我们如何不功利地去看待一件事情。那么，还有另一个角度是我们如何看自己，你是做一个"有用"的人，还是做一个"无用"的人呢？庄子在《山木》一篇中讲了另外一个故事。

夫子出于山，舍于故人之家。故人喜，命竖子杀雁而烹之。

竖子请曰："其一能鸣，其一不能鸣，请奚杀？"

主人曰："杀不能鸣者。"

明日，弟子问于庄子曰："昨日山中之木，以不材得终其天年，今主人之雁，以不材死；先生将何处？"

有一天，庄子和他的一个弟子去拜访一位老朋友。这个老朋友为了招待好庄子，跟儿子说去杀一只雁，这个儿子也不是一般的小孩，他真的是哲学家的小孩，他问他爹说："我是杀能鸣者，还是不能鸣者？"这里的"雁"是指家养的鹅。

他爸爸说："当然是杀不能鸣的，把不能叫的那个杀了。"这个儿子就把这个不能鸣的大雁给杀了。

第二天，他们离开了朋友家，庄子的学生就发问了，学生说："老师，你之前说那棵没用的大树，人家活得好好的，它可以保全自己。你看今天这个没用的大雁不是很倒霉吗？它不就被杀掉了吗？请问老师，如果是你，应该做有用的人，还是做没用的人呢？"

庄子笑曰："周将处乎材与不材之间。材与不材之间，似之而非也，故未免乎累。若夫乘道德而浮游则不然，无誉无訾，一龙一蛇，与时俱化，而无肯专为；一上一下，以和为量，浮游乎万物之祖。物物而不物于物，则胡可得而累邪！此神农、黄帝之法则也。"（《庄子·山木》）

庄子的学生毕竟是哲学家的学生，问的问题很有水平。庄子这么回答他："周将处乎材于不材之间。"意味着他处于一种既不是完全有用（有才），也不是完全无用（不才）的状态。

我们看庄子的回答，就没有直接从"材"来回答。庄子回答的是"一龙一蛇，与时俱化"，"一上一下，以和为量"，这实在是太精辟了。

首先，"一龙一蛇，与时俱化"，意味着在不同的环境和条件下，人应该像龙一样强大有力，或者像蛇一样蛰伏隐忍，根据具体情况灵活变化。这反映了庄子对于个人价值实现与时代背景、社会环境紧密相关的思想。庄子认为，个人的行为和态度应当随着外部条件的变化而变化，这样才能更好地适应世界，实现自我价值。

其次，"一上一下，以和为量"，则是指在为人处世时，能够做到既能上也能下，一切以和谐作为准则。这种态度强调了在复杂多变的社会环境中，保持内心的平和与平衡是非常重要的。它不仅仅是对个人行为的指导，也是对人际关系和社会交往的一种哲学思考。通过这种方式，人们可以在变化莫测的世界中找到自己的位置，实现与自然和社会的和谐共处。

在战国时代的乱世中，庄子选择了回归自然，过着简朴的生活，编织草鞋以维持生计。这种选择并非出于无奈，而是他对自由和精神独立的追求。庄子的生活态度和哲学思想，体现了他对于如何在复杂的社会环境中寻找个人生存之道的深刻理解。他的智慧在于能够灵活应对变化，把握时机，从而达到心灵的自由和精神的独立。

因此，庄子的选择既是对现实的一种适应，也是对自我价值的一种实现方式。他的生活哲学和对自然的向往，为我们提供了一种超越物质追求，追求精神自由的生活态度。

齐物论：
理解世界的多样性

《齐物论》不仅是理解庄子哲学思想的重要钥匙，也是探索宇宙本体的重要途径。它不仅揭示了宇宙万物的本质，也为我们提供了一种超越传统认知局限的视角。

庄子在《齐物论》中提出的"齐物"概念，意味着一切事物归根结底都是相同的，没有差别，也没有是非、美丑、善恶、贵贱之分。这一观点挑战了传统的价值观和世界观，提示我们看待世界的方式需要更加开放和包容。

庄子认为，世间万物包括人的品性和感情，虽然看起来千差万别，但归根结底却是统一的。这种思想体现了他对宇宙本质的深刻洞察，即所有事物都是相互联系、相互转化的，不存在绝对的对立和差异。通过《齐物论》，庄子试图打破人们对于是非、美丑等二元对立的认识，引导人们达到一种更高的精神自由状态。

此外，《齐物论》还探讨了人与自然的关系，以及如何通过超越自我，达到与宇宙万物和谐共存的状态。庄子通过诗意的语言和深刻的哲学思考，引导读者理解到，只有超越传统的价值观和认知框架，才能真正理解世界的多样性和复杂性。

总之，《齐物论》不仅是庄子哲学思想的重要组成部分，也是中国哲学史上的一部经典之作。它通过对"齐物"概念的深入探讨，为我们提出了一种理解和面对世界多样性的方法，同时也启示我们如何在纷繁复杂的世界中寻找到自己的位置和价值。

吾丧我：我为何失去了自我

《齐物论》的开篇，有点像武侠小说的开场，一开始出现的人物叫"南郭子綦"，"南郭"是地名，"子綦"是名字，南郭子綦是一个修行很高的人。我们先看下原文：

南郭子綦隐机而坐，仰天而嘘，荅焉似丧其耦。颜成子游立侍乎前，曰："何居乎？形固可使如槁木，而心固可使如死灰乎？……"

子綦曰："偃，不亦善乎，而问之也！今者吾丧我，汝知之乎？女闻人籁而未闻地籁，女闻地籁而不闻天籁夫！"

伴随着悠扬的古琴声，南郭子綦"隐机而坐"，就是他的半个身体藏在几案后面；"仰天而嘘"，把自己的头仰起来朝向天空，他的背是紧绷着的，下巴朝上，仿佛意识离开了身体。

南郭子綦的弟子叫颜成子游在旁边侍奉，看到老师的样子被吓了一跳，问道："怎么回事呢？身体固然能像槁木一样不动，但心怎么能像死灰一样呢？老师您今天打坐的状态，好像和之前很不一样啊。"

对于学生的疑惑，南郭子綦表示问得好，他说"今者吾丧我"，意思是"今天的我丧失了自己"。

这是什么意思呢？南郭子綦并未直接说明，反而扯开了话题说："你听说过人籁和地籁，但你肯定没有听说过天籁。"籁就是声音，人籁、地籁、天籁表示三种不同的声音，弟子很疑惑地问："这和丧失自己有什么关系呢？"

《齐物论》正是从"吾丧我"开始的，庄子其实提出了一个看起来有点深奥的哲学命题——"我如何丧失了自我？"

"吾"，是肉体的自称，"我"，是生命的本我，"吾"和"我"是形体与元神，肉体与精神的关系。此处，南郭子綦说"吾丧我"，肉体虽在，灵魂却丢失了，庄子到底要讲什么？

庄子在《逍遥游》其中一种境界中，讲了一个人叫列子。列子可以元神出窍，灵魂离开肉体飞出去，然后十五天后回来，说的是一种修炼的境界。

那么，这里按照南郭子綦的暗示："吾丧我"的根源，竟然是因为他参悟了"天籁"。从后文我们知道，所谓"天籁"，便是天道的一种呈现，将天道领悟通透了、参破了，却会导致"我丧失了自我"，难怪南郭子綦仰天长叹。

当南郭子綦被庄子形容"隐机而坐，仰天而嘘"的时候，你忽然眼前出现了一个画面，这个画面让你感觉到好像他是一个形体的存在，可是又超越了形体的存在。南郭子綦的学生颜成子游看到老师"形如槁木，心如死灰"的样子，他非常惊讶。

今天，"槁木死灰"似乎成为一个贬义词，甚至是用来骂人的话，如果你形容一个人"槁木死灰"，那是讲这个人没有精气神，没有生命力的感觉，甚至是到了油尽灯枯的时候了。

可是,《庄子》中很多典故现在变成成语,都是反面的用法。庄子在这里经颜成子游看到的南郭子綦变成"槁木死灰",身体像"槁木",心则如同"死灰"。

什么是"槁木"?那是一段枯死或看起来枯死的木头,心则变成像烧过的剩下来没有余温的"死灰"。

年轻的颜成子游有点惊讶,甚至是不理解,后来经过南郭子綦的描述,颜成子游开始理解所谓的"槁木死灰",其实是老师修炼到了生命的另一种境界,而这种境界是一般人无法读懂的。

我分享一个真实的故事,我认识的一位资深企业家。我们相识超过十年,但有一段时间因为各种原因未能见面。某一次,我去拜访他时,第一眼看到他的变化让我感到震惊。他的头发全白,皮肤失去了往日的光泽,整个人看起来完全变了样。这让我不禁好奇:"老先生,这段时间您遇到了什么情况吗?"

当我读了庄子的《齐物论》,读到这一段的时候,我终于理解了。这位老先生,把公司传承给了下一代,他开始进入退休生活,他的生命进入到另外一个层次,另外一种境界,没有了年轻时或创业时的激情,就像火焰燃烧后的样子,你不能说它不好,那只是人生的不同阶段而已。

有多少人见过北方严冬大雪过后的场景,北方长大的人肯定见过,南方人如果有机会到北方,第一次见到这样的场景会很惊叹。

北方一到了深秋,到了冬天,树叶飘落,所有的树叶都掉光以后,剩下的那个枯掉的主干,就是庄子所说的"槁木"。我们年轻的时候总是喜欢彩色,喜欢色彩缤纷的世界,喜欢春天的朝气蓬勃,只有人生到了一定的年龄,到了一定阶段,才会发现这样黑白的照片也挺美的,是另一种境界。

"吾丧我"是庄子借南郭子綦的故事来描述他的一种逍遥游状态。

这三个字深刻而简洁地揭示了一种高深的哲学境界。

"吾丧我"代表着一种超越自我、忘我、与天地合一的状态。在这种状态中，个体的界限变得模糊，与宇宙间的其他事物没有分别，达到一种完全的和谐与统一。它也代表了一种内心的宁静与平和，超脱于外界的纷扰和内心的欲望，真正做到了心如止水。

那么，《齐物论》的开篇为何要讲"吾丧我"的故事，"吾丧我"与"齐物论"有什么样的关系呢？

庄子的齐物论思想是理解庄子的关键，什么叫"齐物"？万物是一回事，叫"齐物"。

庄子当年怎样推导出这个结论的，我们今天不知道，但我们站在今天这个高度，齐物论实在是太高明了。万物内在质料完全是一回事，都是能量，现代物理学证明了，万物都是由原子组成的，或者说万物都是由基本粒子组成的。

当然，庄子不是物理学家，他是哲学家，在《齐物论》中，庄子提出他的名言："天地与我共生，而万物与我为一"，天地与我共生共存，而万物与我合为一体。他主张的是"万物平等、万物为一"的哲学观点，强调事物之间没有高低贵贱的区分，只有人的观点和看法使得事物显得有所不同。

所以，庄子的齐物论思想，是齐万物、齐是非、齐生死、齐存在与梦幻，齐一切存在价值。

当南郭子綦说"吾丧我"，我失去了自我，他实际上已经进入了"齐物"的境界。在这个境界中，他不再看到自己与外界的区别，所有的事物都是平等的，没有了对错、好坏的判断。

"吾丧我"是庄子实践"齐物论"思想的一个直观表现。南郭子綦的这种状态为"齐物论"的哲学思想提供了一个生动的实例，让人更直观地理解和体验这种超越的哲学境界。

"天籁"到底是一种什么样的声音

南郭子綦和他的学生颜成子游的一段对话，引出了"人籁、地籁和天籁"，在《齐物论》中，天籁与地籁、人籁相比较，被视为音乐的最高境界。字面上理解，"天籁之音"的意思是仿佛来自天上的声音。那么，庄子所说的"天籁"，到底是一种什么样的声音？先看下这段对话原文：

> 子綦曰："……女闻人籁而未闻地籁，女闻地籁而不闻天籁夫！"
> 子游曰："敢问其方。"
> 子綦曰："夫大块噫气，其名为风。是唯无作，作则万窍怒呺。而独不闻之翏翏乎？山林之畏佳，大木百围之窍穴，似鼻，似口，似耳，似枅，似圈，似臼，似洼者，似污者。激者、謞者、叱者、吸者、叫者、譹者、宎者，咬者，前者唱于而随者唱喁，泠风则小和，飘风则大和，厉风济则众窍为虚。而独不见之调调之刁刁乎？"
> 子游曰："地籁则众窍是已，人籁则比竹是已，敢问天籁。"
> 子綦曰："夫吹万不同，而使其自己也。咸其自取，怒者其谁邪？"

南郭子綦说，你听过人籁和地籁，但你肯定没听过"天籁"。颜成子游问："那请问老师到底什么是天籁？"

南郭子綦解释说，孔窍之音，便是"籁"。"籁"是一种乐器，用竹子做的，有一点像笛子，中间是空的。可以这么说，凡是用竹子做的中间空的乐器，统称"籁"。

那么，什么是"人籁"？"人籁"其实有两层含义：一是由人直接发出的声音；二是人通过乐器演奏出来的声音，即音乐。

"人籁"有什么样的特点呢？因为人发出来的声音是人为的，一定含有某种目的，要告诉你某种含义，因此"人籁"听久了会很累，会有压力。

我们假设，如果某个人在你面前滔滔不绝地讲了一个小时的话，你会不会很累？所以，我们的中小学教育，我们的学校课堂设计，一般是四十分钟一节课，这是有道理的。不管老师讲得有多么精彩，讲话本身是"人籁"，听久了一定会累。

音乐其实也是"人籁"，人为发出来的有节奏的声音。古人在宴会或庆典上使用琴、瑟、鼓等乐器演奏，这些声音就是"人籁"的体现。或许，此时你可以将"人籁"上升到艺术的层面，如果我们将"人籁"比作一场音乐会中的交响乐，那么这场音乐会就是人类文化和艺术活动的结晶，它不仅仅是音乐本身，更是人类情感、思想和创造力的表达。

但无论如何，"人籁"始终都是人发出的声音，它因为带有一定的目的性，会给人带来压力。

那什么是"地籁"呢？风吹过大地，通过各种洞穴、窍孔等发出的不同声音，这种声音是自然界的一部分。所以，"地籁"是纯自然而非人为的。

世界上的各种洞穴孔窍都会发出不同的声音，险峻盘旋的山林之中，百围大的树木之上，那些形状各异的孔窍，会发出各种各样的声音，随着风的大小而变化，风停之后，则万籁俱静。

我从小在海边长大，每年到了夏秋之际，都会有台风。台风来的时候，大家能强烈感受到那种大地孔窍发出的各种奇怪的声音，台风登陆的时候，晚上睡觉会有惊悚的感觉，那个台风肆虐的巨大的声音，仿佛要将整个世界卷走。第二天台风走了，则一切变得安静了下来，这就是"地籁"。

所以，"地籁"不仅仅是一种物理现象，它还蕴含着庄子哲学思想中的"齐物"观念，即万物平等、无差别的理念。通过观察和理解"地籁"，人们可以更好地认识到自然界和生命本身的多样性和复杂性，从而达到一种对自然和生命的深刻理解和尊重。

那"天籁"又是什么呢？南郭子綦并没有正面回答，而是说了一句意味深长的话："夫吹万不同，而使其自已也。咸其自取，怒者其谁邪？"

这句话意思是"让它们发出不同声音的是谁呢？是它们自己"。到此为止，庄子结束了师徒两人的对话，留下一个看似没有解决的问题："天籁"到底是一种什么样的声音？

庄子给出的暗示：为什么会有"人籁"和"地籁"呢？是谁在安排这一切呢？其实背后的主宰者就是"天籁"，即天道。

我们可以这样理解：人类发出的一切声音，包括音乐等，是人类的作品，风声是自然的作品，而人类与自然却都是上天的作品；音乐和风声是人籁和地籁，人类与自然的呈现，便是天籁。人类与自然为何而有？凡此种种，就是天道。所以，天籁是天道的呈现。

那么，"天籁"的声音，我们真的听得到吗？这是个有趣的问题。

庄子在《人间世》里讲到他的修行方法"心斋"时，他说："若一志，无听之以耳而听之以心，无听之以心而听之以气。"

用耳朵去听，代表着你还在"人籁"的境界；用心去听，代表着你已经到了"地籁"的境界；而当你可以用气去听的时候，已经达到"天籁"的境界了。那什么叫"用气去听"？

庄子接着解释说："气也者，虚而待物者也。唯道集虚，虚者，心斋也。"这里最重要的是"虚而待物"四个字，让心空虚，然后准备迎接万物。接着是"唯道集虚"，已经开始入道了。这也解释了前面所谈到的南郭子綦进入一种"吾丧我"的状态，"我终于失去了我，所以我明白了我是我"，听起来有点绕，实际上就是参悟天道了，进入"无我"的境界。

那么，庄子讲的人籁、地籁和天籁三种境界，与我们今天的生活有什么关系呢？又有什么样的启发呢？

我认为，从身体心灵健康的角度来看，如果你一直停留在"人籁"的境界，你很容易就感到身心疲惫，因为你听到的都是人为的，充满目的性和各种欲望，于是乎焦虑、迷茫和痛苦是必然的。

到了"地籁"的境界，你终于可以安静下来，放松下来，用心去感受大自然的一切；而"天籁"则是修行者的境界了，放空自己，让一切自然发生。

我们来试图回答开头的问题："天籁"到底是一种什么样的声音？

真正的"天籁"不需要孔窍，也不需要那个吹万物的风，当这个世界同时既没有吹奏者，也没有聆听者，而那个叫"道"的东西，在世间的所有事物的背后，默默鼓动生机之时，天籁就出现了。

毫无疑问，此时天地寂静无声，却又生生不息，而所谓"吾丧我"的境界，就是一瞬间失去了和现实世界的耦对，化身为道，听到了真正的天籁之声。那要理解这个故事，你必须明白，庄子所描述的世界观的最基本概念，所有人，所有事物，全部都是大道的投影。

所谓"道"，你可以理解为"终极规律"，不论是一粒沙，还是复杂的人类社会，全部都体现着这种终极规律。庄子之所以伟大，是由此悟出了人生的终极意义，就是"忘掉自我，合乎大道"，当你能领悟这一点，你会发现，几乎所有的俗世的烦恼，都不能困住你了。

庄子借南郭子綦和他的学生颜成子游的对话，分别讲了什么是人籁、地籁和天籁，相对应的是三种不同的境界，而"天籁"就是那个让一切自然发生、主宰万物的终极规律的东西，也就是"天道"，而庄子最伟大的地方，就是由此悟出了人生的终极意义。

焦虑症，你真的躲得过吗

庄子所生活的时代，是一个在历史上被称为"百家争鸣"的时代。什么是"百家争鸣"？先秦诸子百家各有各的社会治理和价值主张，争论辩论不休，当时最大的争辩就是儒家和墨家，历史上称之为"儒墨之争"。

儒家和墨家在很多话题上有不同的主张，比如儒家讲究亲疏之分，远近之别，先爱家人，后爱邻人（熟悉的人），最后爱陌生人。墨家则主张"兼爱非攻"，对所有人的爱是无差别的。再比如关于丧葬问题之争，儒家强调的是以孝为大，所以未免铺张浪费，而且守孝时间要长达三年；而墨家却认为铺张浪费是不可取的，所以强调"节葬短丧"，就是节约葬礼花费，缩短守孝时间，类似这样的话题非常多。

今天我们回看历史上的"百家争鸣"，认为那是一个思想开放、百花齐放的时代。但回到当时的具体场景，在庄子看来，很多争辩是毫无意义的，是为了争辩而争辩。庄子不屑于参与这样的争辩，他就像是一个历史的旁观者，默默地观察和记录着这一切。我们看看庄子的观点：

大知闲闲，小知间间；大言炎炎，小言詹詹。其寐也魂交，其觉也形开，与接为构，日以心斗。（《庄子·齐物论》）

庄子说："大知闲闲，小知间间。"意思是大智慧的人，是一副很淡定的、气定神闲的样子，小智慧的人就是心胸狭隘，每天想的就是一些很小的问题，纠结于一个固执的观点。

庄子接着又讲了一句"大言炎炎，小言詹詹"。就是各种争辩，有的人声音很粗，有的人说话理直气壮，有的人就有些胆怯，小心翼翼的样子。

当你辩论的时候，就是把别人当作对手，把别人的观点当成是对立面，这是一个对立的最典型代表，没有把二者看成可以合一的，可以调和的，而是一定要辩出个输赢。那么，这样的一种思维，这种人辩论完了之后，你说他能睡好觉吗？

所以，庄子接着又讲："其寐也魂交，其觉也形开。"什么意思？睡觉的时候灵魂都在交战，早上醒来还是很焦虑的状态。早上起来很累，梦里的交战好像还没有结束，一天的辩论又要开始了。

我们很多的焦虑都是体现在梦中，这叫作"焦虑梦"。白天的时候我们看起来人模人样的，看起来很正常，很放松。其实到了夜里就开始做梦，做各种噩梦，那个潜意识的东西，当然会反映最真实的自己。

如果你是从来不做梦的，就要恭喜你了，这是最好的一种睡眠的状态。在心理学中也认为这样是一个心理最放松的状态，其实不做梦的人是很少的。

庄子在《大宗师》里描述了上古时代真人的样子："古之真人，其寝不梦，其觉无忧，其食不甘，其息深深。"庄子讲上古时代的真人，睡觉的时候不做梦，早上醒来的时候也没有忧虑焦虑，吃东西的时候不挑食，不讲究色香味俱全，然后呼吸很深沉，可以由内直达脚后跟。当然，可以达到这种境界的已经是一种修行很高的人了。

今天，焦虑症就像是一场瘟疫，几乎没有人能躲得过。大家坐在地铁上，坐在飞机上，坐在火车上，明显感觉到的是那一张张麻木的脸，一张张死气沉沉的脸。有时候，我们自己坐在火车上，其实那张脸上写满了麻木，皱着眉头，刷着手机，或者狂躁地打着电话，内心充满焦虑。庄子借助辩论这件事，把这种焦虑表达出来。当然人生的焦虑并不只在这个辩论之中，辩论只是一种对立思维的集中体现。

那么，我们要说的是人们焦虑背后的原因。为什么现代生活中的我们会如此焦虑？原因可能是没有安全感，在物质上和精神上的双重不安全感。

焦虑症是无孔不入的，不管你是富人，还是穷人，都有焦虑的潜在因子，这背后其实是一种不安全感，除了物质上，也有精神上和情感上的，这种焦虑也会对人的身心造成很大的影响。

那么，面对这样一个社会问题，庄子就说："其形化，其心与之然，可不谓大哀乎？"我们的形体是很疲惫的，每天五官都要去接收各种各样的信息。早上一醒来，各种信息要处理，各种工作要去完成，要见形形色色的人，这一天都处在焦虑之中，于是乎从身累到心累。庄子说，如此就很悲哀了。

面对人们如此严重的焦虑，庄子有什么好的应对办法呢？

首先，庄子提出"累事而不累心，形化心不化"。就是我们做这件事情是累的，但是我们的心并不累。也就是说，你不要把外物当成你的对立面，你只把外物当成是你经历的一部分。比如，我学习的时候，我就认真学习，我考试的时候，我就认真考试，我不是把学习或考试这件事情当作是我的对立面，我一定要战胜它。而应当以举重若轻的心态去做事。

可是今天我们常常是反过来的，遇事很容易就举轻若重，一件很小的生活琐事，就会引起很严重的焦虑。而正是这些生活琐事，把你的身心全部耗尽，所以才说焦虑是一场瘟疫。

那么，要做到庄子所说的"累事不累心，形化心不化"，身体就要跟着变化，要去应付很多事情，但是，我们的心灵要始终保持平静，这正是庄子给我们的一个重要启示。

接着，庄子提出一个更突破认知的观点，他说："非彼无我，非我无所取。"什么意思？就是你中有我，我中有你，事物都有两面性，不要简单地区分你我，更不要简单地去定义是非对错。用今天的话来说，就是"放下分别心，放下执着心"。

事物常常是一体两面的，甚至相辅相成，相互依赖的。不能简单地说谁比谁更好，谁比谁更差。就像我们身上的器官一样，我们更喜欢眼睛呢，还是嘴巴呢，还是我们的双手呢？它们都很重要，你无须回答这个问题，我们只需要知道自己，不要在"有限的局里"虚耗人生就行了。

就像人一旦成了人，就是向死而生，也就是生的那一刻起，其实也是走向死亡的开始，所以庄子说生死是同一的。实际上，庄子指出了生命的意义与价值，毫无疑问，庄子认为把生命浪费在"是非对错"的纷争上是毫无价值的，更不要整日陷入纠纷和焦虑当中，这对生命又有多少意义呢？

进一步，庄子为我们提出了"齐物论"的核心思想："物无非彼，物无非是。自彼则不见，自知则知之。"

我们这个世界，本来是统一的整体，只不过因为人们认知的局限，导致了二元对立的思维，进而让人们在这种二元对立思维的支配下，对宇宙自然、万事万物，乃至生命的发展，在认知上出现了舍本逐末的分化。早在两千多年前，庄子就在其思想体系中，对二元对立，矛盾对立统一的这种思维进行了研究和论证。

庄子认为，我们所执着的是与非，美与丑，彼与此，物与我，身与心，大与小，利与害，安与危，生与死，有与无等概念，其实都是自我感受上的差异的"执迷"，我们所"自以为是"的都具有相对性，表面性和不真实性。

所以说，庄子的观点是：超越对立，与道合一，达于"齐物"。

总之，焦虑、困惑、迷茫等情绪自古有之，这是人性所决定的。只有在思想上真正地理解了庄子的"齐物"思想，你才能放下你的分别心和执着心，你才不会纠结于是非对错而陷入痛苦和焦虑当中。

朝三暮四，岂止是猴子

《齐物论》里讲了一个有趣的故事，叫"朝三暮四"。"朝三暮四"这个成语在今天被用来形容反复无常，反反复复，不够专注。总之，是有一些贬义。

那么，在《齐物论》的原文中，庄子到底讲了一个什么故事？庄子的本意又是什么呢？

> 劳神明为一而不知其同也，谓之"朝三"。何谓"朝三"？狙公赋芋，曰："朝三而暮四。"众狙皆怒。曰："然则朝四而暮三。"众狙皆悦。名实未亏而喜怒为用，亦因是也。是以圣人和之以是非，而休乎天钧，是之谓两行。（《庄子·齐物论》）

《齐物论》里讲了一个故事叫"狙公赋芋"，狙是猴子，狙公是养猴子的人，赋芋就是每天要定时定点去喂它们橡子吃。由于食物比较有限，所以要怎么喂，狙公就去跟猴子们商量说："朝三而暮四"，就是早上喂三个，傍晚的时候喂四个。"众狙皆怒"，猴子们听完怒气冲冲。它们不理解，就是为什么早上给我们那么少，早上才给三个，晚上又给四个。

看到猴子们这么生气，狙公就说，"然则朝四而暮三"，那就改为早上给四个，傍晚给三个吧。"众狙皆悦"，猴子们这下子就很开心。我想这些猴子可能是不懂算术，它们不知道"3+4"和"4+3"都等于 7。结果是一样，但因为给的顺序不一样，猴子们的反应就完全不同。这个故事正是成语"朝三暮四"的由来。

只看到眼前的得失，就会有是非之争，猴子们只看到早上给得少，所以对养猴人提出抗议。那庄子怎么看呢？庄子说："是以圣人和之以是非，而休乎天钧"，庄子发明了一个概念很有趣，叫作"天钧"，说人这一辈子到最后是要算总账的，如果当下去计算，就会失去整体观，毫无意义。我们要用整体观去看待事物，如果不用整体观，就容易形成二元对立的思想观，这样就给我们带来比较，比较就会给我们带来焦虑。

庄子讲的这个猴子的故事，是不是特别可笑？其实我们人也是这样的。给少了就不开心，给多了就很高兴，我们没有想过人一辈子是要算总账的，到最后的得与失、好与坏，几乎算下来都是平衡的。人的一生，无论你如何选择，人生一定是起起伏伏的，无论你怎样经营，没有只得不失的人生。所以，庄子认为，到人生的终点看一看，只要你还活着，人这一生得失参半，喜忧参半。

所以，人一旦选择了片面，就会错过整体，错过整体就会痛苦。庄子想表达什么意思呢？他告诫我们，不要分裂地看问题，不要有二分对立的逻辑，看问题要看整体。

《易传·系辞上》里说："一阴一阳之谓道。继之者善也，成之者性也。仁者见之谓之仁，智者见之谓之智，百姓日用而不知，故君子之道鲜矣。"人一旦错过了整体，也就看不见"道"的本质。

养猴人如果看不到整体，坚持最初的决定，那么纷争就会发生，而整体观是避免纷争的智慧。

我想起另一个段子，说一位信徒到教会祈祷，然后他突然就很想抽烟，他问牧师说："祈祷的时候可以抽烟吗？"牧师说："不可以。"

过了一段时间，这位信徒再次到教会祷告，然后他又开始想抽烟，这次他变聪明了，他问牧师说："抽烟的时候可以祈祷吗？"牧师说："当然可以。"

我们看，同一位信徒，同一位牧师，同一个事件，因为请求的方式不同，顺序倒过来，结果就完全不同。

智慧的人总是可以洞察人性，暂时的让步是因为他看的是全部。作为企业的领导人，整体而客观地看问题将是决胜千里的关键。

企业在激励员工方面，我们可以看到，同样的激励，如果是即时激励，当月的奖金当月发，员工的满意度就会大幅提升，做事也会更有动力；相反，如果老板说奖金留到季度发或是年底再发，这时员工的满意度立马就掉下来，虽然月度、季度或年度最后发放的奖金总数是一样的，但人性就是这样，当下的幸福更重要，短期的满足感更有激励作用。

我们来做个假设："先苦后甜"和"先甜后苦"，你会选择哪一种生活方式？

我们小的时候，长辈或老师总会教导我们做人要"先苦后甜"，人要学会先吃苦，然后才能享受快乐。道理都懂，但是真正放到自己身上，我们可能不自觉地成为庄子笔下的那群短视的"猴子"。

总结一下，庄子的"朝三暮四"的故事对我们现代生活有几点启发：

　　站在猴子的角度，"朝三暮四"是由其本性决定的，我们多数人其实都更容易渴望获得即时满足和当下满足，人们常常只看局部而看不到整体，只看到短期利益而看不到长期利益，这本身也是人的思维局限。

　　站在养猴人的角度，"朝四暮三"是一种智慧，变换了位置，却产生完全不同的效果，避免了纷争，还提高了满意度，这既是一种整体观，更是一种领导力。

　　站在庄子的角度，庄子本意是在讲他的"齐物"思想，即"万物齐一"，破除二元对立地看问题，而是要看到事物的一体两面，要看问题的本质，要有终极思维和整体观。

为什么我们没有活成自己想要的样子

　　世间万物有没有一个统一评价的标准？我们人生的成功与失败，是否有所谓的标准？庄子讲了一则"三问三不知"的故事。

　　啮缺问乎王倪曰："子知物之所同是乎？"曰："吾恶乎知之！""子知子之所不知邪？"曰："吾恶乎知之！""然则物无知邪？"曰："吾恶乎知之！"（《庄子·齐物论》）

　　啮缺和王倪都是隐士，是修道之人。王倪是啮缺的老师，有一天，啮缺就问老师王倪说："你知道万物有共同的标准吗？"王倪回答说："我怎么知道呢！"啮缺又问："你知道你所不知道的东西吗？"王倪回答说："我怎么知道呢！"啮缺再问："那么，万物就无法知道了吗？"王倪回答说："我怎么知道呢！"

这就是历史上著名的"三问三不知"的故事。我们读庄子，他用的手法常常就是这样，学生问老师，老师基本上都是不直接给答案，而是转而开始讲故事。所以，"不给答案，只讲故事"是庄子高明的地方。我们接着看王倪都讲了什么故事来启发啮缺。

且吾尝试问乎女：民湿寝则腰疾偏死，鳅然乎哉？木处则惴栗恂惧，猨猴然乎哉？三者孰知正处？民食刍豢，麋鹿食荐，蝍蛆甘带，鸱鸦耆鼠，四者孰知正味？……毛嫱丽姬，人之所美也；鱼见之深入，鸟见之高飞，麋鹿见之决骤，四者孰知天下之正色哉？（《庄子·齐物论》）

王倪说，那我先来问你几个问题吧。我们人如果睡在湿气很重的地方就会腰酸背痛，时间久了就会得风湿病，但是对于泥鳅来说，它们会腰疼吗？当然不会，它们就很享受在泥巴里生活。人如果待在树上，就会因为恐高而惴惴不安，那么对于猿猴来说，它们会害怕吗？当然不会，它们很享受在树上睡觉的感觉。

那么，泥鳅在泥巴里睡觉，猴子在树上睡觉，人在床上睡觉，哪一个地方才是最舒服、最适合睡觉的呢？我们发现，有时反问，提出好的问题可以引发思考，最好的回答是提出更有启发性的问题。

接着，庄子又讲，人吃肉类，麋鹿吃草，蜈蚣吃小蛇，猫头鹰和乌鸦吃老鼠，请问这四种食物哪一种更美味？

我第一次出国去欧洲，第一次吃到正宗的西餐，我觉得那是世界上最难吃的食物。我从小就不吃生的东西，尤其是生鱼片，很多人都很喜欢吃新鲜的三文鱼，蘸点芥末酱油，很美味，可是那对我来说，连碰都不敢碰。

庄子继续讲故事：毛嫱、丽姬是天下公认的美女，但是鱼见了她们就潜入水底，被吓到了，鸟儿见了她们就赶紧飞得远远的，麋鹿见了她们就迅速逃跑。那么，人、鱼、鸟和麋鹿，在他们的眼中，到底什么才是天下的美色呢？

我们现在常常用"沉鱼落雁，闭月羞花"来形容女子容貌之美，"沉鱼落雁"这个成语就来自庄子《齐物论》中的这个典故，但庄子的本意是鱼和鸟觉得这个人长得实在是太丑了，是被吓跑的。

那么，庄子通过啮缺和王倪的对话，想要表达什么？庄子想说，世间万物没有什么统一的标准，没有一把尺子可以量所有的事物。如果有所谓的标准的话，那也是人为定的，是大多数人认为的好与坏、善与恶、成功与失败的世俗标准。

现代的年轻人找对象，女方父母必须问的问题："做什么工作的？""有房有车吗？""长得怎么样？身高样貌？""有没有本科以上学历？"如果是北京上海的，还要问有没有北京上海的户口，等等。

当问到做什么工作的时候，你量人的尺子就是能力；当问到是否有房有车时，你量人的尺子就是金钱；当问到长相身高时，你量人的尺子就是外形；当问到有没有本科学历时，你量人的尺子就是学历。

在我们的生活中，尺子无处不在，我们每天的生活都是按照多数人的尺子在量自己的生活，我们在意世俗的眼光，我们在意别人的评价，我们在被别人评价的同时，我们不自觉地拿着自己的尺子在量别人，所以，在互相量尺子的时候，我们忘记了自己是谁，我们忘记了自己原本想要成为什么样的人。

在《逍遥游》中，庄子讲了宋荣子的境界，"举世而誉之而不加劝，举世而非之而不加沮"，不要在乎全世界的人是赞美你还是嘲笑你，你要做到"定乎内外之分，辩乎荣辱之境"，你要把尺子掌握在自己手中，要分清哪些是内在的，哪些是外在的，哪些是自己想要的光荣，哪些是自己鄙视的耻辱。庄子在告诉我们，要逃得过别人的尺子，要先过自己这一关。

> 果且有成与亏乎哉？果且无成与亏乎哉？有成与亏，故昭氏之鼓琴也；无成与亏，故昭氏之不鼓琴也。(《庄子·齐物论》)

那么，什么样的人生才算是成功的人生？庄子说："果且有成与亏乎哉？果且无成与亏乎哉？"成与亏，就是成功与失败，庄子反问："世界上，果真有所谓的成功与失败吗？果真没有成功与失败吗？"

接着，庄子讲了三个人的故事，以此来启发我们关于成功人生的标准。第一个人是昭文，鲁国的音乐家。昭文因为有成功与失败的概念，他就拼命地弹琴，一辈子都在弹，假如没有这个成功的概念的话，昭文可能就不再弹琴了。

第二个人是师旷，师旷擅长于打拍子，就打了一辈子。第三个人是庄子的好朋友惠施，惠施擅长于辩论，于是一辈子都在想着各种问题，把辩论当成一生的职业。

庄子提出了值得我们每一个人思考的问题："一个人真的需要把一个擅长的东西变成职业，然后只从事这个职业一辈子吗？"

我们今天常常说，人最幸福的事，就是做自己喜欢并擅长的，并且把它变成一生的事业。我们看郎朗，他喜欢并擅长弹钢琴，然后经过十分艰苦的训练，成长为国际知名的钢琴演奏者，那么请问：郎朗的人生成功吗？

从今天社会对于成功的定义来看，毫无疑问，郎朗很成功，那么，庄子却不以为意。庄子会反问你："那真的是你想成为的样子吗？你真的自由了吗？"

大家先不急着反驳，先来看看庄子是怎么说的。庄子认为，昭文、师旷和惠施三个人，他们的一生都被美名所累，被束缚住了，将这个偏好做了一辈子，好像那就是他们生命的全部。他们炫耀了一辈子，被虚荣心控制了一辈子，所以内心其实并不逍遥。

庄子到底在讲什么？他不鼓励我们把热爱的事情做到极致吗？其实不是的，庄子是在讲初心。喜欢音乐的初衷是喜欢，就是热爱，一旦你成名成家了，就难免被名利这件事所束缚，而牺牲了作为人所应该感受的其他美好的东西，牺牲了自由。

我们可以这样问郎朗：排得满满的演出真的是你需要的吗？听到大家雷鸣般的掌声才是你演奏的目的吗？拿国际大奖才是你追求的终极目标吗？钢琴就是你生命的全部吗？

庄子其实提供了另一个视角，他关心的不是你是否成名成家，是否丰富了这个时代的精神文化，庄子关心的是你是否心灵自由，成为自己真正想成为的人。

或者陶渊明是懂庄子的人，他家挂着一个无弦琴，他说："但识琴中趣，何劳弦上声？"陶渊明擅长于弹琴，但他更加追求心灵的自由，不是为了弹琴而弹琴，更不是为了美名去弹琴，他真的就是顺其自然，想弹就弹。

生命不是只有一个主干，长到云霄，而是枝枝叶叶都齐备了才是一棵参天大树。当我们把热爱变成专业，把专业变成了事业，把事业变成了名利，就不快乐了，不自由了。

成功是没有统一标准的，如果说有定义的话，那就是各自把上天赋予的禀赋发挥出来而已，活成自己想要的样子。而不是跟别人去比较，不一定就要成为第一，不一定要独孤求败。

庄子说："天下莫大于秋毫之末，而大山为小；莫寿于殇子，而彭祖为夭。"在微观世界中，任何宏观事物，包括巨大的泰山，在那里都是微不足道的。庄子想说的是事物的大小是相对的，取决于观察者的视角和所处的空间范围。其次，从时间的角度来看，"莫寿于殇子，而彭祖为夭"则是指，在生命的长短上，短暂的生命（如殇子）可能比长寿的生命（如彭祖）更有价值或意义。这是因为生命的价值不仅仅在于其长度，更在于生命过程中的体验和质量。

所以，庄子总结了一句话叫："天地与我并生，而万物与我为一。"天地虽在我先，但没有我时，天地于我没有意义。从哲学上讲，天地与我同时生，而万物与我是一体的，万物彼此联系，都在一个体系中。

庄子通过"三问三不知"的典故，告诉我们人世间没有所谓的统一的标准，人生也没有所谓的成败的标准，我们最重要的是找到自己的位置，坚定内心的尺子，努力活成自己想要的样子，那样的人生，才是真正成功的人生。

蝴蝶和我，都可能在彼此的梦里

《齐物论》的最后，庄子讲了一个流传两千多年的最美的梦——"庄周梦蝶"，我相信很多人都听过。"庄周梦蝶"究竟梦了个什么？人人都会做梦，当你在做梦的时候，你竟然不知道自己是在做梦，一个梦惊醒，以为醒了，但是你真的醒了吗？你怎么证明自己不是在梦里，醒了又是什么情况？

梦饮酒者，旦而哭泣；梦哭泣者，旦而田猎。（《庄子·齐物论》）

庄子说，有个人梦到自己在喝酒，酒很好，喝得很开心，喝得沉醉不堪。然后在他感觉最快乐的时候，他忽然醒了，他发现刚刚喝酒的情景，所有的快乐都只是一个梦，他就大哭起来，哭得简直如丧双亲，觉得人生怎么这么痛苦，这么悲哀啊。

可是过一会儿，这人又醒了，发现刚刚大哭也是梦，这个叫"梦中梦"，梦中有梦。注意，庄子用的文字非常简洁，"梦饮酒者，旦而哭泣"，"旦"就是太阳出来的时候，天亮的时候，他的梦醒了，所以发现刚才所有发生的都是在梦中，他又哭了。"梦哭泣者，旦而田猎"，那个梦到自己在大哭的人，天忽然亮了，梦醒了，他就跑去打猎，可他怎么知道，打猎就不是梦呢？

就这样，像俄罗斯套娃一样，一个梦套着一个梦。就像此刻，我们怎么知道，我们此刻不是在梦里呢？可能你会说"我掐了一下自己，会疼，所以不是在做梦"，你错了，在梦里，你掐自己也是会感觉疼痛的。我们常常说人生如梦，梦与醒我们有时是真的分不清。

很多年前，我们组织了一个企业家代表团参访日内瓦联合国总部，然后有几天时间我们就住在瑞士和法国交界的一个有 800 年历史的庄园，庄园是一对夫妇买下来用来养老的，这对夫妇都是联合国退休的官员。

古老的庄园很大，里面有城堡，有农场，有牧场，各种树木看起来有数百年甚至上千年的历史，还有酿酒的葡萄庄园。我睡的房间在城堡的最顶层，上面是透明玻璃，晚上睡觉的时候直接面对的是整片星空，然后听说这个房间已经有 300 年没人住过了，我听后是又惊又喜。这对夫妇很热情地招待我们，他们把米其林的大厨请到庄园里，做着法国大餐，然后是音乐演奏，还有各种珍藏的美酒，那段时间我们每天晚上都喝多。

月光、庄园、美酒、美食、音乐还有国际友情相互交融在一起，那种感觉，每天好像都是半梦半醒，加上我睡的房间晚上看到的是美到有点虚幻的星空，在回来后的相当长的一段时间里，我总是在问自己，那段美好的时光到底是在梦里的，还是真实发生的？如果不是拍了一些照片的话，我都怀疑那是在梦里发生的。那种感觉就跟庄子写的情景十分相似。

回到《庄子·齐物论》里的千年蝴蝶梦：

昔者庄周梦为蝴蝶，栩栩然蝴蝶也，自喻适志与，不知周也。俄然觉，则蘧蘧然周也。不知周之梦为蝴蝶与，蝴蝶之梦为周与？周与蝴蝶，则必有分矣。

有一天晚上睡觉，庄子梦见自己变成蝴蝶，活生生就是个蝴蝶，还能感受到自己翩翩起舞的样子。庄子觉得自己完全就是蝴蝶的状态，根本不知道自己还是庄周，然后突然就醒来了，醒来以后，他完全迷糊了，不能分辨到底是蝴蝶梦见了庄周，还是庄周梦见了蝴蝶，这就是著名的"庄周梦蝶"的典故。

庄子这段典故是在讲什么？寓意是什么？我想从三个层面来解读。

第一，物我无别，物我两忘

外部世界的物和我没有差别，是一回事。你要想真正理解"道"是什么？你就得"物我两忘"，你不能老执念着自己，你得知道自己就是万物，万物就是自己，庄子仍然表达的是齐物，齐道之论。

只有在精神上超越不真实的现象世界，只有从有限事物的束缚和局限中解脱出来，才能达到庄子所说的"天地与我并生，而万物与我为一"的境界。

当然，庄子这个讨论，西方近代古典哲学开山鼻祖，16 世纪法国的哲学家、几何学家笛卡尔，讨论他的认识论和怀疑论问题，就是从做梦开始，从讨论梦境开始。笛卡尔一生中最著名的成就是通过清醒梦创立了坐标系，成为解析几何的创始人。什么叫"清醒梦"？就是做梦的时候是清醒的，你没听错。

笛卡尔从小就喜欢做梦，他长期保持着记梦的习惯，他的很多清醒梦都记载在他的私人手册《奥林匹克》上。笛卡尔强调他在做这些梦时意识是十分清醒的，他甚至专门指出自己曾三个月滴酒未沾，这种清醒的梦境不可能是他醉酒引发的幻觉。这份手稿至今仍保留在汉诺威皇家图书馆，这也让后世了解到，"清醒梦"给这位科学巨人带来了如此重要的启发。

第二，生死转化

西晋时期的哲学家郭象在《庄子注》中说："死生之变，岂异于此，而劳心于其间哉！"郭象所注解的庄子，历来被视为权威和经典，他说死生的变化，就像人变成蝴蝶一样，他真的是读懂了庄子。

对于人而言，最大的变化是什么呢？是从生到死的变化。庄子借着人变成蝴蝶，借着梦与醒的变化来讲人的生死转化。

中国历史上最经典的爱情故事《梁祝》，将庄子的蝴蝶梦演绎得深刻而充满传奇色彩，梁山伯与祝英台死后化成蝴蝶，美得让你想哭。

《齐物论》中提到的蝴蝶，我们很少有机会目睹它们破茧而出时那令人震撼的场景。我国台湾有一个名为蝴蝶谷的地方，蒋勋老师曾描述过"蝴蝶羽化"的画面：所有的蝴蝶几乎遮蔽了整个天空，让人深刻理解了两千多年前庄子关于蝴蝶梦的思考。看到这一幕，我们可能会感动得热泪盈眶，却发现自己难以用语言来表达这种感受。

庄子谈了半天梦与醒的关系，其实就是在谈生与死的大事。庄子其实是以"梦"来比喻"死后"，而以"醒"来比喻"生前"。梦的问题，是生死的问题，庄子把生与死的关系厘清了，死后就像梦见自己化成了蝴蝶。

所以庄子是在讲"齐生死"，生是一个梦，死也是一个梦，人到死的时候也只是一个梦醒了，生命进入另一个维度，以另一种方式存在，那是又一个梦而已。所以，人活着的时候，不要为死操心，不要恐惧，更不要斤斤计较。

第三，真假合一

> 方其梦也，不知其梦也。梦之中又占其梦焉，觉而后知其梦也。且有大觉而后知此其大梦也，而愚者自以为觉，窃窃然知之。(《庄子·齐物论》)

有意思的是，我们在梦中梦到自己在做梦，诺兰的电影《盗梦空间》就是梦中梦的设定，里面至少有四重梦境。我想诺兰的《盗梦空间》应该是盗取了庄子的思想，影片剧情游走于梦境与现实之间。影片讲述由莱昂纳多扮演的造梦师，带领特工团队，进入他人梦境，从他人的潜意识中盗取机密，并重塑他人梦境的故事。

庄子说："梦之中又占其梦焉，觉而后知其梦也。"只有你从梦中的梦中的梦中一层一层醒来，才是真的醒了。这个很有意思，但我们常常无法判断哪一层才是真实的。

　　事实上，庄子讲的不是人的生理意义上的真实，而是精神上的觉悟。觉悟一层就是一个新的世界。真正醒的人又是什么样的？看透了，一切都是无常，但这并不消极，无常不代表着不用好好生活，相反要更加认真地生活，活在当下，回到生活本身，才是真实而美好的。

　　《金刚经》里有言："一切有为法，如梦幻泡影，如露亦如电，应作如是观。"一切依靠因缘而生的法，都如梦幻，如泡沫中的影子，如雾霭一样的不可捉摸，无常变幻，同时又如同闪电一样的快速变化。我们要无时无刻地这样看待世间的一切。我们看到《庄子》跟《金刚经》其实有非常多的呼应，有某一种关系。所以，庄子，最后两句"觉而后知其梦"，你要醒过来，你才知道刚才是梦，你还没有醒来的时候，你根本就不知道刚才是梦，"大觉而后知有大梦"。

　　总结一下"庄周梦蝶"的三层寓意：一是物我无别，物我两忘。就是外部世界的物和我没有差别，是一回事。庄子再次强调他的"齐物"思想；二是生死转化，生也是一个梦，死也是一个梦，生与死只是从生命的一种维度转化为另一种维度；三是真假合一，梦与醒，真与假，更多的是指向人在精神上的觉悟，而非生理层面上的。

　　最后，谈谈我的感悟。我想庄子同时也是在借"庄周梦蝶"的故事，希望我们的生命可以像蝴蝶一样翩翩飞起，没有太多沉重的东西，没有捆绑自己的东西，没有束缚自己的东西，至少在心灵上做到逍遥自由。他的齐物思想，又能够让我们跟宇宙里的万物，比如一株小草、一朵小花、一条小鱼，甚至天空的云对话。我相信，这里面有庄子最深刻的领悟。

养生主：
真正的养生乃是心灵的回归

《养生主》不仅是对养生之道的阐述，更是庄子对生命意义和人生哲学的深刻反思。

庄子强调，真正的养生不仅仅是身体上的保养，更重要的是心灵的自由与解放。他提倡放下世俗的功名利禄，超越生死、是非、善恶的对立，让心灵回归自然，达到一种逍遥自在的状态。这种思想体现了庄子对生命的敬畏和对自然的顺应，他认为个体的生命存在应当寻求心灵安顿和精神自由。

在《养生主》中，庄子通过庖丁解牛的故事，展示了如何通过顺应自然规律，达到心灵上的平和与自在。庖丁之所以能够不伤刀刃，是因为他遵循了自然的节奏和规律，而不是人为地强加于物。这一故事不仅阐释了养生之道，更深层次地反映了庄子关于生命、宇宙和存在的哲学思考。

庄子的养生观不仅仅局限于物质层面的保养，更重要的是心灵层面的修养。他主张"少私、清静、寡欲、乐观"，这些原则指导人们如何在复杂多变的世界中保持内心的平静和自由。通过放下心中的尺子，解除外在的束缚，人们可以实现自我超越，达到心灵的自由和平等。

总之，《养生主》不仅是关于养生的论述，更是庄子哲学思想的集中展现。它教导我们如何通过顺应自然、放下执念，实现心灵的自由和生命的和谐。在这个过程中，我们不仅能够养护身体，更重要的是能够让心灵回归自然，实现真正的养生之道。

打通心灵的任督二脉

庄子在《养生主》中所讨论的"养生"概念，与现代人所说的"养生"并不完全相同。现代人对"养生"的理解可能更多地集中在身体健康和延长寿命上，而庄子的"养生"则更侧重于精神层面的修养和对生命哲学的深刻理解。

今天，当我们谈论"养生"时，可能会有一种熟悉又陌生的感觉，这是因为现代社会中的"养生"概念已经被广泛应用于各种健康和生活指导中，有时甚至被庸俗化。相比之下，庄子的"养生"更是一种哲学思考，关注的是如何通过理解和实践生命的根本原理来达到身心的和谐与平衡。

庄子生活在两千多年前的战国时代，历史上属于乱世。庄子的根本关怀，是个体的人如何去理解生命、生存和生活，尤其是面对无可奈何、不得已的世界时，可以做出什么样的选择。这就需要一种"自觉"的能力，也就是自我反省的能力，并把自己作为一个对象去思考。这种能力并不是天生的，当面对困难或陷入困境的时候，生命、生存和生活的问题就显得尤其突出。

所以，庄子在《养生主》里的"生"，可以理解为生命、生存、生活，就是一个人如何过好这一生，特别是在乱世当中如何保全自己，并找到人生的意义。

庄子的养生思想，强调的是"养心"和"养道"。首先，"养心"在庄子的思想中占据了极其重要的位置。他认为，通过调节身心内外，达到内心的平静和满足，是养生的最高境界之一。这种对内心世界的关注和修炼，不仅仅是对身体的养护，更重要的是对精神层面的提升和完善。

其次，"养道"也是庄子养生思想中的核心内容。庄子认为，顺应自然、尊重万物、众生平等，是养生之道的根本。他反对人为地追求和改变，主张顺其自然，这不仅是一种生活态度，也是一种哲学思考。庄子的养生观强调与自然和谐相处，通过理解和遵循自然规律，来实现身心的健康和长寿。

所以，庄子的养生思想之所以被称为"养心"和"养道"，是因为他不仅仅关注于物质层面的身体养护，更重视精神层面的心灵修炼和遵循自然的生活哲学。通过养心和养道，庄子试图引导人们达到一种超越物质追求的精神境界，实现生命的真正价值和意义。

庄子在《养生主》开篇讲了一段非常经典的话：

吾生也有涯，而知也无涯。以有涯随无涯，殆已！已而为知者，殆而已矣！

人的生命是有限的，而知识是无限的。若以有限的生命，去追逐无限的知识，人生就很可能劳而无功，最后把生命耗尽。

读中学时，我们读到的是"书山有路勤为径，学海无涯苦作舟"，过去，我们的认知总是"求知是苦的"，然后就是"吃得苦中苦，方为人上人"这样的宣传标语，这些过去的传统观点似乎不容置疑，但我们是否反思过：为什么学习求知一定是苦的呢？为什么就不能是"学海有涯乐作舟"呢？

但庄子的本意不是要你"苦作舟"，如果方向不对、方法不对，只能是徒劳无功。知识浩瀚无边，若是漫无目的，随之而迷失自我，其实质便不是求知，而是消磨生命。若是把这种消磨当作真知，受其迷惑，那么，这迷失就只会无穷无尽了。

庄子的思想并不是让我们放弃对知识的追求，而是强调在追求知识的过程中要注重方法，避免盲目地学习。在现代社会，许多父母常常犯下错误，那就是不加选择地让孩子参加各种补习班，这种做法实际上给孩子带来了巨大的精神压力，这正是庄子所警告的"以有涯随无涯，殆已"。因此，我们应该理解庄子的真正意图，即在教育孩子时，既要鼓励他们探索未知，也要教会他们如何正确地学习和生活。

老子在《道德经》第四十八章有这样一句话："为学日益，为道日损，损之又损。"那么，庄子"吾生也有涯，而知也无涯"的观点与老子"为学日益，为道日损"的思想是否有矛盾呢？

两者表面上看似乎有所矛盾，但实际上，它们都在强调学习方法很重要，追求真知更重要。我们一起来看看老子与庄子在为学为道方面的共同点：

第一，追求知识与追求智慧是有本质区别的

老子的"为学日益"强调的是知识的积累，而"为道日损"则是强调追求智慧、与道合一的过程中，要尽量减少不必要的欲望和执念。庄子的"吾生也有涯，而知也无涯"则指出，尽管知识无穷无尽，但我们

的生命终归是有限的，因此不能单纯追求知识积累，而应当追求更高层次的智慧。所以，两个人的主张终点是一致的，追求知识只是手段，追求智慧才是根本。

实际上，知识是有局限的，单纯的知识追求可能会导致迷失。今天，人工智能的发展正在改变世界和影响我们的生活，如果是单纯的知识学习，人工智能要比人类效率高得多。如果仅仅是知识的学习，人是干不过人工智能的。

今天，人工智能可以在多个岗位上取代人类，但人工智能永远都不可能完全代替人类，因为人类拥有的是更高层次的"智慧"，而非单纯的"知识"或"技能"。如果你只有知识或技能的积累，那么，你被人工智能所取代则是必然的。

第二，"知"分为真知与俗知，两者有本质区别

庄子在《大宗师》里说："且有真人而后有真知。"

真知是道的层面，俗知是术的层面。真知最重要的就是"真"，对自然的生命体验，是一种智慧的哲思，有一种"出世"的自由；而俗知是用来"入世"的经验、知识，是要实际运用的。

当前学校的教育基本上是俗知，是用来应试的，不是用来修心的。或者说，学校与家长更看重的是你学的东西如何让你考个好成绩，如何上个好的学校，而不是如何让你身、心更加健康，更不是如何提升你的思想境界。

第三，如何获得真知？打通心灵的任督二脉

道家的两位代表人物都认为，单纯的知识积累并不等同于真知。真

知需要去除杂质、回归本源。这也是老子提到的"与道合一"和庄子所说的"心彻为知"。庄子在《外物》篇中提出"心彻为知"，"彻"就是通的意思，心通了，才能获得真知。

关于"如何获得真知"的问题，庄子提出一个非常重要的方法论，叫"缘督以为经"。

这里的"督"，就是"督脉"。我们在武侠小说中经常看到"打通任督二脉"，那是身体上的打通，是心气相通。在中医概念中，"督脉"起源于下部，上行至头部，具有通达上下、贯穿全身的功能。"督脉"，可以说是人体最重要的经脉，贯穿于后背，是经络中的"脊梁"。假设某一天，某人的身体出现问题，手脚和脊梁非要断一个不可，那么，某人要作何选择？答案毫无疑问，当然是要全力保住脊梁，而人们终其一生，也必然要以脊梁为主心骨。

那么，当庄子提出"缘督以为经"时，他有什么样的深层次含义吗？

从《养生主》一篇的原文上，"缘督以为经"可以理解为沿着生命的核心、本质来寻找和维持生命的活力。换句话说，人们应该寻找并遵循那些与他们的真实本性和内在规律相一致的生活方式。

庄子的哲学常常以深入的隐喻和比喻来探讨人的心灵状态和生命的真实意义。"缘督以为经"中的"经"，不仅仅是指经络，而是指导、规律或主线。而"缘督"则是沿着这条主线或规律。在这里，"督脉"可以被看作是生命的纽带或核心。

当庄子说"缘督以为经"时，他可能在暗示人们应当探索和遵循生命的核心意义或真正的路径。何为人生的"督脉"？生命的意义不正是人生的"督脉"吗？无论是名声、利益，还有哪个能比生命的意义更重要呢？这很可能是庄子更深层次想要表达的思想。

总之，在《养生主》一文中，庄子所关注的是人的生命、生存和生活的问题。养生终归是要让生命回到它本来的样子、本真的状态。庄子提出养生之根本是养心及养道。通过养心、养道，人们可以达到真正的身心健康与和谐，这也是庄子哲学中非常核心的思想。

老子和庄子在为学修道方面有共同的思想和终极追求。而在方法论上，庄子提出著名的"缘督以为经"，即打通心灵或生命的任督二脉，如此才能达到养生、养心和养道的终极目标。

养生的好处：保身、全生、养亲、尽年

庄子提到"养生"这个话题，他给出一句意味深长的劝诫："为善无近名，为恶无近刑。"

庄子劝诫人们行善不要贪图名声和利益，过分追求名声会使人陷入虚荣和自我中心的陷阱。在做恶事时，应避免直接触犯法律和遭受刑罚。这里的"恶"并不仅限于严重的犯罪行为，而是广义上指任何对自己或他人有害的行为。庄子的这一观点似乎与传统的道德观念有所不同，听起来有些反常，我们主流的思想都是一定要做个好人，积德行善，不能有一点恶行。

关于人性善恶论，历史上最著名的是孟子的"性善论"和荀子的"性恶论"。孟子主张人有四端之心：恻隐之心、羞恶之心、是非之心和辞让之心。孟子讲了一个孺子入井的故事来说明他的观点。

孟子说："乍见孺子将入于井。"意思是如果我们突然看到一个孩子快要掉到井里去了，一定会感到心惊胆战，怕他掉下去，第一反应一定会跑过去救孩子，这就是人的恻隐之心，孟子借此来说明人性本善。

荀子一方面认为人性是恶的，但另一方面他也相信教化的作用，恶

是因为环境影响造成的，假如有好的教化，人依旧能从善。

孟子和荀子都是儒家的代表人物，尽管他们在谈论人性善恶方面有很多争辩，但总体上他们对善恶是有明确的标准的。所以儒家明确主张"勿以恶小而为之，勿以善小而不为"。

道家和儒家有很大的不同，道家是超越善恶的人性论的。道家认为，世间没有善恶的统一标准，善恶都是片面的定义，根本没有永恒的准则。历史上尧舜被视为圣明君主，但他们也发起过不少战争，使生灵涂炭。不同的时代，不同的国家，不同的文明，善恶的标准不尽相同，甚至可能千差万别。

为此，庄子开出的药方是：放下关于善恶的标准，做好事不要沾沾自喜，偶尔做点儿坏事也无须太过纠结。遵从"缘督以为经"的中正原则，并把它作为处世的哲学，这才是真正的养生之道。

那么，养生到底有什么好处呢？庄子提出他的养生八字口诀："保身""全生""养亲""尽年"。这八字口诀对于生活在现代的我们，都是具有价值和参考意义的。

第一，"可以保身"。即保全身体，身体不至于受到伤害

庄子认为养生养得好，首先是保护好自己，保全好身体是很重要的。在古代，有各种各样的刑罚，比如割鼻、割舌头、割耳朵，甚至有断手断腿的刑罚，这些刑罚会带来身体的残缺，给人带来终生不可逆的伤害，所以庄子劝诫人们做坏事不要到了触碰刑罚的地步。

在古代，更有文人仕人追求高远的理想，一旦无法实现，即以伤害自己或是牺牲自己的生命为代价，来表达一种高洁的节操。比如屈原投入汨罗江，来表达自己高贵的人格，以及为自己的理想而死的决心。在庄子看来，根本没有这个必要，因为人的生命只有一次。

那么，如何做到"保身"呢？不追求虚伪的名利，不脱离外界的约束，以"督经"为象征，维持稳定的中正之道，避免走向极端。如果是庄子，楚王能劝就劝，劝不了也就算了，要想改变一个人、改变一个体制实在是太难了，所以庄子才会提出"知其不可奈何而安之若命"。

回到我们今天的生活。前段时间我看到一个新闻，说一个失恋的女孩站在楼顶上想要了结自己，下面的人怎么劝都没有用，这个时候，有一名警察，他可能读过《庄子》吧，他就对那个女孩说了一句："哪怕全天下的人都对你不好，你也要对自己好。"

就这样简单的一句话，那个女孩回过头跑过去紧紧抱着这名警察，失声痛哭，警察的一句话，完全扭转了局面。所以，关键时候，有没有学过哲学还是不一样的。我看新闻，这名警察也因为这件事受到嘉奖了。

我想，如果庄子碰到这样的事，他会对这名女孩说："那个男人都不爱你了，你却准备为他付出生命，没有这个必要吧。"

在这一点上，儒家在《孝经》一书中说："身体发肤，受之父母，不敢毁伤。"保护好自己的身体是孝敬父母的一种方式，身体是父母给的，不要轻易就自我伤害，这一点庄子是相同的观点。

第二，"可以全生"。即保全天性，心灵不至于受到伤害

全生，即全性，"生"通"性"，就是保护好自己的天性。所谓身心健康，除了保护好身体，还要保全好自然赋予人的天性，不破坏人的本性，你可以理解为保有纯粹美好的心灵、心性，庄子所讲的养生也包含着养心。

庄子之所以这么说，是因为外部环境很容易让人丧失本性，心灵被扭曲，这种伤害甚至比身体的伤害更加严重。看看我们今天的教育，我

们把孩子培养成为应试教育的高手，但是心灵上却从来没有得到提升。今天，学校设有学生心理健康咨询中心，但是却没有从根本上解决问题。

我想起了前些年某大学的学生投毒案。该校医学院一名硕士研究生林某，因为与宿舍同学一些日常生活上的纠纷，竟然在同学黄某的饮用水里投毒，导致黄某医治无效死亡，最后林某也被判处死刑。

听到这个新闻，真的是令人痛心，林某刚刚才被保送读博，可以说前途是一片光明，却做出这样毫无底线的恶行。

在多项研究中发现，高学历成绩好的学生，更容易发生这种极端的事件，到底是什么原因？我想可能是他们在成长的过程中，被当作完美的对象来培养，而忽略了对他们的精神教育，忽略了他们心灵上的提升，这样的学生人格是不健全的，按照庄子的说法，是没有保全好天性。

第三，"可以养亲"。即侍奉父母，抚养孩子，照顾亲人

中国文化中离不开养亲这一层亲密关系，我们可见庄子也是提倡要尽孝的，只是讲法与儒家有所不同。

孔子在《论语·里仁》中说："父母在，不远游，游必有方。"就是父母在世的时候，不要到处乱跑，不去太远的地方，父母会担心，除非你方向明确，志向明确，道路明确，不得不出去。《孔子家语》又补充说："子欲养而亲不待。"就是等你远游回来了，等你事业有成回来了，可是你的父母已经不在了，你想尽孝也没办法了，孔子说这是人生最大的悲哀。

庄子在《人间世》里讲，孝是"不择地而安之"，就是你可以走，

但无论父母在哪里，你在哪里，都要让他们安心，这比儒家要灵活很多。庄子在《天运》篇中讲"忘亲易，使亲忘我难"。庄子认为最高的孝是"两忘"，"两忘"不是真的忘记了，而是相互都放心了，这是更高境界的孝。

第四，"可以尽年"。即尽享天年，自然寿终，圆满人生

什么叫"尽年"？就是无病无痛，活到自然寿终，这也是人生一大幸事。

《黄帝内经》有言：

上古之人，其知道者，法于阴阳，和于术数，食饮有节，起居有常，不妄作劳，故能形与神俱，而尽终其天年，度百岁乃去。

这段话主要讲述了上古之人养生的方法和理念。首先，"法于阴阳"意味着遵循自然界的阴阳变化规律来生活和养生。阴阳是中医理论中非常重要的概念，代表了自然界和人体内部的两种基本力量——阴柔和阳刚，它们相互作用、相互转化，维持着宇宙和生命的平衡。通过顺应这种自然规律，人们可以达到身体和精神的和谐状态。

"和于术数"则是指采用适当的方法和技术来进行养生。这里的"术数"既可以理解为具体的养生方法，如食疗、草药等，也可以理解为更广泛的生活方式和习惯，比如合理安排饮食、保持良好的作息习惯等。这些方法和技术的选择和应用，都是为了顺应人体的生理节律和自然界的规律，从而达到预防疾病、延年益寿的目的。

"食饮有节，起居有常，不妄作劳"，这些都是具体的生活习惯建议。意味着要定时定量地进食，保持规律的作息时间，避免过度劳累和无谓的辛劳。

庄子认为养生养得好，就要做到"尽年"，正是"尽终其天年，度

百岁乃去"。

庄子尽管在养生上强调养神，但是并非无视形体的存在。相反，通过心斋、坐忘、修真等方式，到达形神合一、长生久视的境界。《庄子》中描绘的众多至人、神人、圣人，他们逍遥自在，与天地同生死的逍遥风度，不正是寄托了庄子心中的理想吗？

总之，庄子认为，如果一个人养生养得好，可以保护身体不受伤害，可以保全自己的天性和人性，可以与其他亲密关系保持长期良好的沟通，可以照顾到亲人，可以尽享天年。

"保身""全生""养亲""尽年"，庄子用区区八个字，就把世界卫生组织关于人类健康几千字的描述全部讲完了，我们不得不说，庄子的养生哲学穿越了两千多年，今天看来依然没有过时，依然对我们的生活有重要的启发。

庖丁解牛，妙在养生

我们所熟知的"庖丁解牛"的故事出自《庄子·养生主》一篇中，我在读《庄子》时就很纳闷，为什么庄子要把"庖丁解牛"这个故事放在《养生主》这一篇章？而且还用了大篇幅来讲。

庖丁为文惠君解牛，手之所触，肩之所倚，足之所履，膝之所踦，砉然向然，奏刀騞然，莫不中音。合于《桑林》之舞，乃中《经首》之会。文惠君曰："嘻，善哉！技盖至此乎？"庖丁释刀对曰："臣之所好者道也，进乎技矣。"

"庖丁解牛"的故事是这样的：庖丁当着文惠君和众人的面现场解

牛，这里的"解"字用得特别好，不是"宰"牛或是"杀"牛。庖丁的整个解牛过程如行云流水，技艺之精湛令所有人惊呆了，解牛的过程如同一场视听盛宴，好像去维也纳听了一场音乐会。文惠君忍不住惊叹："技艺水平也太高了。"

庖丁解释说，我爱好的是"道"。庖丁是古代的一种职业，是指专门负责宰杀牛、羊、猪等家畜的人，现在我们称之为"屠夫"。一个屠夫在讲道，可见庄子在这里是借庖丁的故事告诉人们："道不分行业职业，道无处不在"。

那"庖丁解牛"之道是什么？我们接着看原文：

庖丁曰："始臣之解牛之时，所见无非全牛者。三年之后，未尝见全牛也。方今之时，臣以神遇而不以目视，官知止而神欲行。依乎天理，批大郤，导大窾，因其固然，技经肯綮之未尝，而况大軱乎！良庖岁更刀，割也；族庖月更刀，折也。今臣之刀十九年矣，所解数千牛矣，而刀刃若新发于硎。彼节者有间，而刀刃者无厚；以无厚入有间，恢恢乎其于游刃必有余地矣，是以十九年而刀刃若新发于硎。虽然，每至于族，吾见其难为，怵然为戒，视为止，行为迟。动刀甚微，謋然已解，如土委地。提刀而立，为之四顾，为之踌躇满志，善刀而藏之。"

文惠君曰："善哉！吾闻庖丁之言，得养生焉。"

"庖丁解牛"之道，关键是做到了"游刃必有余地矣"，成语"游刃有余"就出于此。我总结了"庖丁解牛"三部曲。

第一步，庖丁完美地绕开了牛身上所有敏感的神经

牛刀进了牛身体后，首先是绕开了所有敏感的神经部位，所以牛没

感觉到疼痛，如果牛感觉很疼痛的话，就一定会反抗，甚至一脚把你踢开。

庖丁之所以能够完美地绕开牛身上所有敏感的神经，是因为他对牛的身体结构有着深刻的理解和认识。正如庄子在《养生主》中所描述的，庖丁对牛的生理结构、筋骨相连的间隙、骨节之间的窍穴了如指掌。这种对事物本质深入骨髓的理解，是达到"道"的境界的关键一步。

这与我们在中医馆做针灸时的感受相似，高水平的针灸师能够精准地找到穴位，让患者几乎感受不到疼痛，而技术不精的针灸师则可能因为操作不当导致患者疼痛难忍。

第二步，庖丁绕开牛身上那些硬的骨头和脊柱，不去硬碰硬

硬碰硬，刀就很容易受到损伤，牛也会感到疼痛。那这里庄子想要告诉我们什么？庄子想说，好的养生是不要硬碰硬，直接对抗会带来巨大伤害，当我们在生活中遇到障碍或阻力时，要学会绕开它，寻找新的方法或路径。

庄子通过"庖丁解牛"这一寓言故事，向我们展示了顺应自然规律、避免硬碰硬的重要性。在故事中，庖丁之所以能够游刃有余地解牛，是因为他深刻理解了事物的客观规律，并且掌握了这些规律，从而使得他的技艺达到了炉火纯青的境界。这不仅仅是对技术的掌握，更是对生活哲学的一种体现。

第三步，顺着整头牛的纹络和肌理，一步步将牛解开

庖丁通过对牛体结构的长期观察和实践，掌握了牛的肌理和结构，使得他在解牛时能够轻松自如，每一刀都恰到好处。

庄子在故事最后描绘了这样一个场景：上一秒牛还两眼发光，心情愉悦，下一秒牛身上的肉"如土委地"，全身的肉像土一样落到一地，牛还没反应过来，就已经死了，牛自己还不知道自己已经死了，没有痛苦，这是多高的境界。

所以，整个故事叫"庖丁解牛，妙在养生"，养生就是养道。那么，庖丁解牛的故事对于我们养生养道有哪些启发和帮助呢？我总结有以下三点。

第一点启发是"游刃有余，善刀藏之"

庄子把牛的身体比喻为复杂的人世间，而把人比喻为刀，刀在牛身体里要做到游刃有余，要顺着道，才能养生。用我们现在的话来解读庄子，那就是"岁月不是一把杀猪刀，你才是"。实际上，庄子是在问："如果你是那把刀，而世界是那头牛，你该如何在纷繁复杂的世界中自由行走呢？"

原文当中，庖丁对文惠君说，一般的厨师一年换一把刀，比较差的厨师可能一个月就得换一把刀，而他自己的刀用了十九年了、解过数千头牛都没换过，而且还跟新的一样，没有受到一点损伤。到此，你就能理解为什么庄子把"庖丁解牛"的故事放到了《养生主》这一篇章了。

第二点启发是"最美的相遇是神遇"，即灵魂的遇见

庖丁讲他在解牛三年后，可以闭着眼睛解，而且他再也看不到整头牛了。什么意思？庄子讲的是解牛的那种节奏感，与天地万物相连的节奏感。

所以，当你在做一件事情的时候，如果心里面有旋律有节奏感，你

的动作就具有美感；当你在做一件有意义并且接近于"道"的事情时，你根本不需要用眼睛去看，而是用"灵魂"去体会。这种状态叫什么？叫"心流状态"，即"物我两忘"的状态。

第三点启发是"观察世间的缝隙，寻找养生之道"

人们常常说世道艰难，生活不易。任何一个时代都有人过得好，有人过得很难。我们生活的人世间很复杂，很艰难，但我们依然可以从中找到缝隙，找到生存之道，就像是那头神经网络很复杂的牛，庖丁从中找到养生之道。

大到一个国家，小到一个普通人，都要去观察世间的缝隙，找到自己的生存之道。新加坡是一个小到在世界地图上只能是个点的国家，除了空气可以自给，其他都需要靠进口。这个国家一无资源、二没土地，自己国家的战斗机都不敢起飞巡航，因为一起飞就冲出了国界，更要命的是连饮用水都要从马来西亚进口。

但正是这样一个国家，成为亚洲"四小龙"，人均 GDP 甚至一度超过美国，实现了逆天改命，纵横东南亚 50 多年屹立不倒，它是如何做到的呢？今天新加坡还是全世界精英富豪都想移民的国家。这个国家充满智慧，在大国博弈及各种摩擦之间，找到了缝隙，找到生存与发展之道。

今天，创业的环境也是一样，各行各业都很内卷，卷到哪怕有一点点儿利润空间，就有人过来跟你抢。如果用庄子的智慧，那么就要在行业和市场当中去寻找缝隙，在细分再细分的行业当中去找到自己的定位，找到自己的核心竞争力，然后把核心能力训练到如庖丁一样，顺着商业之道，找到自己生存的法门。这是"庖丁解牛"故事对今天创业者的启发。

总之，"庖丁解牛"是庄子哲学思想中的一个重要寓言，通过这个故事，庄子阐述了养生的深刻道理。在《庄子·养生主》中，庖丁以其精湛的技艺解牛，不仅展现了技术上的高超，更重要的是，他遵循自然规律，顺应事物的本质，从而达到了"游刃有余"的境界。这一点，被文惠君视为养生之道的启示。

庄子认为，养生不仅仅是对身体的保养，更是一种顺应自然、理解生命本质的生活方式。在"庖丁解牛"的故事中，庖丁的行为体现了这种思想：他不强求，而是根据牛的身体结构和自己的技艺，找到最合适的切割方式，既保护了自己的刀具，也保证了解牛的效率和质量。这种做法，实际上是一种"依乎天理"的生活态度。

每一个生命，都有自己的版本

在"庖丁解牛"的故事里，庄子说的是如果你是一把杀牛刀，在面对纷繁复杂、困难重重、问题多多的人世间这头"牛"时，你应该如何把它解决了，而且自己没有受到伤害，刀保持跟新的一样，这是关于养生的层面。接着，庄子在《养生主》中又介绍了"公文轩见右师"的故事。

公文轩见右师而惊曰："是何人也？恶乎介也？天与？其人与？"

曰："天也，非人也。天之生是使独也，人之貌有与也。以是知其天也，非人也。泽雉十步一啄，百步一饮，不蕲畜乎樊中。神虽王，不善也。"

公文轩，相传为宋国人，复姓公文，名轩。右师是官名，是很高阶的职位，有点像后来的宰相这一职位。公文轩见到右师时很惊讶地问："这是什么人啊？怎么只有一只脚？是天生的吗？还是后天造成的？"右师的回答是"天也，非人也。"右师的意思是天生的。

庄子写了很多奇形怪状的人物，《德充符》一篇里更多，全是形貌很丑或很怪，或是缺胳膊少腿的，反正形体跟正常人不太一样，但却很有魅力。在这里，庄子在讲每个人的形貌是上天赋予的，改变不了，我们没有选择的权力。

我曾经看过一个影像展，故事说的是一个女孩有一只手天生有六个指头，她妈妈希望她做手术切掉那个多余的指头，她爸爸则表示尊重女孩的意思，不想让她切掉。本来这女孩也觉得没什么，她也习惯和接受了跟别人不一样的手指，但她爸爸妈妈却为了这个事天天吵架，结果女孩精神出了问题，自己把那个多余的指头给切了下来。这个作品看后让人触目惊心。

庄子在他的外篇《骈拇》一篇中，说的就是多长了手指头的人，庄子觉得这个很自然，为什么要被所谓的"正常人"的尺子量呢？所谓"正常"，不是因为他们的存在更合理，而只是因为他们是大多数。

《中庸》里记录了孔子对弟子们说的一句话，叫"天生我材必有用"，只要你修身而提高德行，总有一天会受命于天，担当起治国平天下的重任。到那时，名誉、地位、财富都已不在话下，应有的都会有。

这原本只是孔子勉励弟子们的话，到唐代李白就引用了这句话，李白在《将进酒》一诗中讲："人生得意须尽欢，莫使金樽空对月。天生我材必有用，千金散尽还复来。"李白讲的是，每个生命都有自己的版本，每个人都有自己的使命和价值。庄子所讲的右师虽然只有一条腿，却官至右师。

　　接着，庄子又举了另外一个例子："泽雉十步一啄，百步一饮，不蕲畜乎樊中。"意思是生活在沼泽里的野鸡，走十步才能啄到一口食，走一百步才能喝上一口水。但是，它却不愿意被豢养在樊笼之中，尽管养在笼子里面不必努力去觅食，不愁吃喝，但是那样的生活不自在不自由。

　　这一段故事的关键点就是"自在"二字，一切天生天养都有它的道理。每一个生命，都有自己的版本。

　　野鸡有它的生活方式，它就是要走十步才能啄到一粒米，走一百步才能喝上一口水，这或许才能让它的本性得以发挥，如果强行将其关在笼子里面养，它肯定就不自在，会失去与生俱来的习性。

　　南怀瑾先生说："这个故事告诉我们，每一个生命，各有其独立的生命价值，不需要受别人、受环境的影响。而真正的生命价值，要效法自然，超越这个樊笼之外，要打破这个环境，自己要有打破环境的能力，创造天然的生命。"

　　庄子正是用"自在"来告诉我们，与生俱来的版本才最适合自己，自在本身最养生。

　　庄子说，每一个生命，都有自己的版本。所谓的"生命"，"生"是变化，"命"是版本，每个人既要看到自己的"命"，自己的版本，也要看到"生"，看到事物本身的发展变化。在庄子看来，养生是一个非常宏观的概念，用"一只脚的右师和天生野外放养的鸡"的故事来讲生命的版本，来讲自在的观念，非常有趣。

　　回到前面的故事，有人问这样一个深刻的问题："到底我们的人生应该是遵从自己命运的安排呢，还是要努力突破自己命运版本的限制？"

　　这个问题非常好。究其本质，他提出了一个哲学命题："到底人生的业力重要，还是愿力重要？我们到底是活在一个业力世界，还是活在一个愿力世界？"

稻盛和夫说："我们的人生如果用坐标系来说的话，X 轴就是业力，Y 轴就是愿力，X 轴同时代表时间。"

小的时候，我们的愿力很小，受业力影响很大，我们的主观能动性发挥得很少。比如，我们出生在什么家庭，我们的父母是谁，我们上什么样的学校，基本上都不由我们自己决定，那时候，我们处于抛物线的底端。

但是，随着年龄渐长，我们可以通过自己的主观努力，也就是发挥我们的愿力，改变自己的命运，逐步脱离业力的"地心引力"的影响，形成一条抛物线。

而有趣的是，人生过了一个阶段后，你最后还是得回归业力，就像孔子所说的"从心所欲不逾矩"，还是在游戏规则里获取规则里的自由。或许，这就叫作"命运"。

总结这一部分，庄子透过"一只脚的右师和天生野外放养的鸡"两个故事，讲述了生命的不同版本，庄子用"自在"来告诉我们：与生俱来的版本才最适合自己，自在本身最养生。最后探讨了一个哲学命题："到底人生的业力重要，还是愿力重要？我们到底是活在一个业力世界，还是活在一个愿力世界？"

庄子的观点可以概括为一句话："人生既要接受与生俱来的命运的安排，同时也要通过愿力，去努力突破命运的限制。"

人间世：
做一个有智慧的好人

　　《庄子·人间世》的主旨在于探讨如何在复杂的人际关系和社会生活中保持自我，实现内心的自由与和谐。通过寓言故事和哲学思考，庄子阐述了处世之道，即如何处理人与人之间的关系，以及如何在社会生活中保持一种超然的态度。

　　《人间世》是《庄子》内七篇中的第四篇，其中心思想是讨论处世之道，即处理人与人之间关系应遵循的原则。庄子通过"散木"与"散人"的概念，拓展了"散"的含义，强调在乱世中全生的重要性。此外，庄子还提出了"乘物以游心"的观点，强调顺应外物变化的重要性。这些观点共同构成了《人间世》的哲学基础。

　　庄子认为，人在世间的生活不仅仅是与他人打交道，更关乎于个人的价值意义和生活方式的选择。他通过孔子的口述，揭示了人心的复杂性和社会现实的残酷性。庄子教导我们，即使在看似真实的世间，也要貌似真实地与各色人等打交道，这需要我们具备智慧和慈悲。

　　《人间世》的主旨在于教导我们如何在复杂的人际关系和社会生活

中保持自我，实现内心的自由与和谐。通过学习庄子的处世哲学，我们可以学会如何做一个有智慧的好人，不仅能够保护自己不受伤害，还能对社会做出积极的贡献。

如何做一个慈悲与智慧并行的好人

我们开始进入庄子的《人间世》。所谓"人间世"，就是人世间，也就是人间社会。只要有人，就有社会；只要有人，就有斗争。

如何在乱世中保全自己？如何在人世间平安地过好这一生？这就是庄子想在《人间世》里告诉我们的。庄子告诫我们，在人世间，不管怎么折腾，仅仅做个好人很危险，仅仅做个有心机的人也很危险，仅仅做个没有觉察的人，还是很危险，最好是做一个慈悲与智慧并存的好人。

《人间世》第一个出场的是颜回，颜回是春秋时期鲁国人，是孔子最喜欢的弟子。颜回好学，正直善良，老实忠厚，这些品格都是孔子很喜欢的。

在《人间世》一开始，庄子讲了"颜回满腔热情欲匡救卫国"的故事，这个故事强调了"热血入世"如何保全性命的处世哲学。

颜回见仲尼，请行。

曰："奚之？"

曰："将之卫。"

曰："奚为焉？"

曰："回闻卫君，其年壮，其行独；轻用其国，而不见其过；轻用民死，死者以国量乎泽若蕉，民其无如矣！回尝闻之夫子曰：'治国去之，乱国就之。医门多疾。'愿以所闻思其则，庶几其国有瘳乎！"

有一天，颜回去见孔子，向他辞行。颜回说，卫国新国君，也就是卫庄公，是一个暴君，百姓遭殃，所以他要去卫国，希望能够匡正卫国。颜回说这么做也是遵从老师孔子的一个教导。

颜回说："我听说卫国国君，壮年气盛，暴虐无常，他穷兵黩武，不惜人民的生命，死去的百姓，就如同草芥一样，填满了国内的沟壑，人民生活在水深火热之中。我曾经听夫子说过，治国去之，乱国就之，医门多疾。我就想按照老师您的教诲，去寻找帮助卫国的方法，卫国或许还有救。"

说到这里，可以体会到庄子的幽默感了。"治国去之，乱国就之，医门多疾"，意思是要离开安定的国家，去往危乱的国家，就像良医门前好多病人一样。这句话似乎是完美地诠释儒家的救世情怀。

另外，孔子在《论语·泰伯》篇里又讲"危邦不入，乱邦不居"。儒家其实也一直在崇尚"君子不立危墙之下"的守身价值观。很明显，庄子在这里是跟儒家对话，意思是你们儒家不是一直标榜自己积极入世吗，不是"知其不可为而为之"吗，不是"舍生取义，杀身成仁"才是完美的结局吗，为什么要让精心培养的君子躲在安全无战乱的国度呢？为什么卫国就不能去呢？如果一个国家什么都治理好了，国泰民安，还需要你们这些君子做什么？

在这里庄子其实是借颜回之口，讲他自己的道，顺便调侃一下儒家。当然，庄子用孔子和颜回来举例子，也未必是不尊重孔子，他最主要的目的是对儒家门徒做一个提醒。故事继续。

仲尼曰："嘻，若殆往而刑耳！夫道不欲杂，杂则多，多则扰，扰则忧，忧而不救。古之至人，先存诸己而后存诸人。所存于己者未定，何暇至于暴人之所行！且若亦知夫德之所荡而知之所为出乎哉？德荡乎名，知出乎争。名也者，相轧也；知也者，争之器也。二者凶器，非所以尽行也。"

听到颜回满腔热血去卫国的理由，孔子却泼了一盆冷水。孔子说："哎呀，你这样去就是去送死的。古代道德修养达到最高境界的人，都是先充实自己，再去帮助别人。颜回，你自己都还没搞定自己，怎么去引导暴君拯救人民呢？"

孔子判断颜回此行，非但不能成功，反而很可能会引火自焚惨遭不幸。

孔子具体是这样教育颜回的，他说："推行大道是不宜掺杂私欲的，掺杂了就会事多，事多就会心神扰乱，心神扰乱就会产生忧患，忧患多了也就自身难保，更何况是拯救国家呢？"

"古之至人，先存诸己而后存诸人"，孔子说古代道德高尚的人，总是先立己，然后再去帮助别人。假如自己内在空虚，根基不稳，哪里还有能力去暴君那里推行自己的大道呢？

孔子继续说："如果你勉强在暴君面前陈述仁义道德方面的言论，那么暴君就会认为你在利用别人的丑行来彰显自己的美德，如此一定会受到暴君的厌恶甚至是迫害。"

孔子接着提出假设：假如新卫君喜欢贤人而厌恶奸佞之徒，又何必让颜回你去彰显与他人的不同呢？假如刚开始，你就顺从他，以后你就会一直顺从下去，虽然你有忠诚之言，但也未必会被信任，一定会死在这位残暴的国君面前。这种结果就像夏桀杀害了敢于直谏的关龙逢，商纣王杀害了力谏他的叔叔比干一样。

因为颜回是孔子最爱的学生，所以孔子絮絮叨叨说了一大堆。故事继续。

　　仲尼曰："虽然，若必有以也，尝以语我来！"

　　颜回曰："端而虚，勉而一，则可乎？"

　　仲尼曰："恶！恶可！夫以阳为充孔扬，采色不定，常人之所不违，因案人之所感，以求容与其心。名之曰日渐之德不成，而况大德乎！将执而不化，外合而内不訾，其庸讵可乎！"

　　颜回曰："然则我内直而外曲，成而上比。内直者，与天为徒。外曲者，与人之为徒也。"

　　仲尼曰："恶！恶可！大多政法而不谍。虽固，亦无罪。虽然，止是耳矣，夫胡可以及化！犹师心者也。"

　　看到颜回神情紧张，孔子缓和了一下，又继续说道："虽然如此，你毕竟也有你的办法，那就讲给我听听吧。"

　　面对尊师的当头棒喝，颜回有些不知所措。在孔子追问下，颜回说出了自己的两个想法：其一是"端而虚，勉而一"。意思是"我行为端正，内心虚静，秉正诚实，做事勤勉而心态专一，这样可以吗？"

　　孔子说："哎呀，不行啊。所谓暴君，固执己见，盛气凌人，而且喜怒无常，没人敢违抗他。因而他压制别人对他的进谏，你很难用道德去感化他。"

　　颜回接着说出他第二个想法："内直而外曲，成而上比。"意思是"我内心正直，而外表委曲求全。总是老老实实的，每次都躬身下拜，做一个臣子应该做的，委婉地援引古人的教诲来教导国君。援引的言论，虽然都是教训和诤谏，就算国君不爱听，那也都是古代圣贤说的话，并不是我自创的。像这样，虽然直率点但不出毛病，我也不求名声，这样做应该没有问题了吧？"

孔子忍不住笑着说："颜回，你的招式还挺多，这些方法虽然不会让你获罪。你既然这样做，你和那些大臣又有什么区别呢？服服帖帖又怎么能感化他呢？又怎么能实现你的初衷呢？这样还是不可以。"

说到这里，别说颜回，就是所有人都感到郁闷了，这也不行，那也不行，那应该怎么办？不过，颜回还是很谦虚的，他对孔子说："这样的话，我也没有什么办法了。请问老师应该怎么做呢？"

接下来，庄子借孔子之口，提出了他的办法，那就是"心斋"。这一段，也是全文的精华所在，我们后面再详细讲"心斋"。

那么，历史上到底有没有这样的故事发生？历史上确实有这样的故事，只是主角是子路，孔子的另外一位学生，而不是颜回，庄子毕竟是"小说家"，在这里他将历史上两个真实存在的人物颜回和子路合在一起。而真实的历史，子路的结局是有点惨，他最后是被乱刀砍死的。

我们来做个假设：假如这个角色不是子路，不是颜回，而是庄子，那庄子会去匡救卫国吗？

我想庄子是不会去的，他连问都不会问孔子。因为庄子看清时局，看透人性，这样混乱的国家，残暴的国君，如果你没有足够的智慧和经验，是会白白去送死的，这是洞察世事，也是处世养生最基本的道理。

在历史上，这样的事情经常出现。你认为你充满正义感，然后学了一些知识，是否应该即刻奔赴正在遭受战乱或天灾的地方呢？

2008年汶川大地震的时候，很多志愿者都去了，包括不少大学生，结果弄得当地救援更加困难，这些学生连自己都照顾不好，又是下雨，又是泥石流，物资也不够，当地的士兵还要帮忙照顾他们，去了帮不了忙还添乱。

庄子借孔子之口说，你为什么要去拯救？你自己都没把道修好，杂念太多，你去的动机究竟是什么？这些问题得想清楚。年轻的时候我们都热血冲动，这份热情可歌可泣，但是，每当我们冲动的时候，一定要想想孔子说的话，想想庄子的话。

那么，颜回的故事带给我们什么样的思考和启发呢？我认为有以下三个点。

其一，世道艰难，要学会安顿好内心

人类的历史就是一部战争史，纵观人类社会的发展进程，很大一部分时间都处于战争状态，和平时间也只是少数。甚至有人说过："如果要把人类的历史浓缩到一天的话，那么人类有 23 个小时的时间在打仗。"

理解了这一点，我们就不会惶惶不可终日，也就更能理解庄子所讲的"逍遥"的境地。任何时候，人们都要学会"安己"，安顿好自己的内心。

其二，帮人要"先正己"

南怀瑾先生在解读这个故事时说："这一段完全是对青年人说的人生哲学，是孔子讲的青年人的修身智慧。"

这种情况，就如同是现代一位年轻人有机会空降到一家公司做高管，他觉得自己能够力挽狂澜，就去和老师说："这家公司很危险了，这正是我一展抱负的时机。"结果进去后可能撞个头破血流。

其三，人心难测不是问题，你对人心难测不了解才是问题

现在从事国学教育的人很多，大家都在教孩子背诵《论语》《弟子

规》《三字经》，这样培养出来的孩子可能善良忠厚，但是，他们往往在进入社会后很容易受到伤害。

在这个故事中，孔子深深地意识到：忠厚善良是需要建立在对人世间有着深刻理解的基础上的，否则很容易受到伤害。

《人间世》是庄子借孔子之口来讲"好人该如何自我保护"的问题。如果你觉得你自己是一个好人，但屡屡受到伤害，你就要好好地读一读庄子的《人间世》。

庄子对人性的险恶有着深刻的洞察和理解。基本上，庄子并不认为人心难测有什么问题，因为这就是"人间世"。你对人心难测不了解这件事本身，才是问题。他对于人性险恶是没有抱怨的，只是借由孔子之口来对好人给予同情和提醒。

最后，庄子提醒我们要做一个慈悲与智慧并行的好人。庄子借颜回的故事，告诉我们好心不等于有好结果，单纯的热情和良好意愿并不足以确保成功，更重要的是要有智慧的思考和明智的行动。

"心斋"的修炼

回到《庄子·人间世》的第一个故事，颜回满腔热情想要去匡救卫国，救百姓于水火之中，孔子很担心他达不成目的，反而还可能丢了性命。在孔子教导下，颜回认识到自己的那一套策略实在是行不通，他只好向孔子请教该怎么做。于是，孔子教给颜回一个处世养生之法，叫作"心斋"。

颜回曰："吾无以进矣，敢问其方。"

仲尼曰：“斋，吾将语若！有心而为之，其易邪？易之者，皞天不宜。”

颜回曰：“回之家贫，唯不饮酒不茹荤者数月矣。如此，则可以为斋乎？”

曰：“是祭祀之斋，非心斋也。”

回曰：“敢问心斋。”

仲尼曰：“若一志，无听之以耳而听之以心；无听之以心而听之以气。听止于耳，心止于符。气也者，虚而待物者也。唯道集虚。虚者，心斋也。”

我们来看下他们的具体对话：

孔子要求颜回先斋戒。孔子说：“你先回去斋戒吧，然后我再告诉你怎么做。”

颜回回答说：“我家里贫穷，已经有几个月没喝酒吃肉了，这样算是斋戒吗？”

孔子说：“你这是祭祀之斋，并不是心斋。”

颜回说：“那么什么是真正的心斋呢？”

然后，孔子就传授了一番，颜回受教，谨慎而退。

几日以后，颜回再次见孔子说：老师，我做到了。进入“心斋”以前，我总是想到自己，那时人间有个颜回，逐渐地，我进入“心斋”，我便忘记了自己，这时候人间已经没有颜回，这可以算是虚无空明的境界吗？

孔子告诉颜回：你达到“心斋”的要求了。然后提醒颜回说：你到卫国，切勿追求虚名。卫君能听进去就说，听不进去就不说。不立门户，不开一门，不发一药。虚空心灵，守住清净心。不要有杂念，必须做的事，要让人知道你是迫不得已而为之，这样做也就差不多了。

庄子在这里讲的全是智慧，"心斋"说起来简单，但要想真正做到，其实并不容易。这是全文的精华，我们可以总结出"心斋"的修炼四步法。

第一步，"若一志"，摒除杂念，意念专一

心斋的修炼第一步"若一志"，是指在修炼过程中，要将意念集中，摒除杂念，达到心灵的专一。这一过程不仅仅是对外在事物的专注，更重要的是内心的清净和对大道的理解与追求。

"若一志"不仅仅是开始阶段的要求，它贯穿于整个心斋修炼的过程中。在修炼初期，需要通过各种方法排除杂念，如通过倾听自己的呼吸来集中注意力，或者通过冥想等方式让心灵回归宁静。随着修炼的深入，当意念能够高度集中时，修炼者会进入到更高层次的修炼状态，即通过心灵去感受外界，而不是仅仅依赖于感官的直接感受。

此外，"若一志"还涉及对自我认知的深化。通过摒除杂念，修炼者能够更加清晰地认识到自己的内心世界，从而更好地理解生命的意义和宇宙的真理。这种对内心世界的深度探索和认知，是达到心灵净化和智慧提升的重要途径。

第二步，"无听之于耳，而听之以心"，用意念而非用耳朵倾听鼻息，一出一入，或快或慢，或粗或细

这个需要反复练习。这个听，不是向外听，而是向内反听。就是让声音单纯地流入耳朵，而心不去分别。只用心去感知自己的身体，这样的不断修习，久而久之，人就能破除对声音的本能分别，进一步突破六

根的局限，叫"明心见性"，这个听息步骤是最难的，一开始很难让自己摒除杂念而集中专注，因为我们的心都太活跃了，在不自觉中就会向外发散而心猿意马，不能专注。

刚开始呼吸是粗重的，耳朵可以听到。专注于呼吸久了，呼吸就会变得越来越轻，乃至停止下来，这时耳朵就听不到了，但是用心还是可以觉知到微微的呼吸。这时候，你可以听到自己的念头的起起灭灭，这个"心听"其实就是心的觉知。

第三步，"无听之以心，而听之以气"。功夫渐深，心气无二，无须再着意于听，而是听其自然，听之任之地听

"无听之以心，而听之以气"，是指在修炼过程中，当心与气达到一种不分彼此的状态时，不再单纯依赖于心智去感知和理解，而是通过气来实现对事物的感知和理解。这一过程体现了从外在的感官体验（如用耳朵听）到内在的心智体验（用心灵去感受），再到超越心智，直接通过气来感应的过程。

在这个阶段，修炼者的心境已经非常接近于道家追求的"虚静"状态，即心灵达到了一种空明、无欲的状态，不再被外界的纷扰所干扰。这种状态下，气的作用被极大地放大，因为气被视为连接宇宙万物的桥梁，是构成万物的基础。通过气来感知，修炼者能够更直接地感受到宇宙的本质和生命的真谛。

进一步来说，"无听之以心，而听之以气"的修炼不仅仅是对个人身心状态的一种调整，也是一种对宇宙规律的理解和顺应。在这个过程中，修炼者的意识逐渐与宇宙的本源"气"相融合，从而达到一种天人合一的境界。这种境界超越了传统的认知范畴，实现了从有知觉的存在

到无知觉的存在的转变，是一种更为高级的精神状态。

第四步，"听止于耳，心止于符"。意念归一后，即停止听，渐入混沌境界，心的知觉失去作用，最后进入虚静，合一大道

心斋的修行，不在于形式，听息也好，静气也好，这些都是形式，如果念头很乱，这些形式的做法停止不了自己的念头。所以，无论是耳听还是心听都要止于无名，就是不要加以任何的定义和分别，就是"气也者，虚而待物者也"。

当你意念归一，达到身心合一，一丝妄念不起，只剩下"虚灵之气"，这个虚灵鸿蒙之气，已然超然于万物之上，所以说就是"虚而待物"。

此气乃是"合道而生"，所以"唯道集虚"，"心斋"的要点就是一个"虚"字。《淮南子·精神训》也说："虚无者，道之所居也。"在这样虚空的状态下，就能体会到与宇宙合一的道了，道就在这种状态中存在。

所以，"心斋"修炼四步法，对应着四个层次——耳、心、气、道。耳朵是纯粹感官的，是被动接受各种杂乱的信息的；心是能思考的，气是既无感官感受，也没有理性思考的，完全顺其自然的状态；最后是合于道，气要合道而生。

简单来讲，"心斋"就是让心空下来，静下来，这是一种"入定"的状态，此时，天人合一，时间消失，你变得很纯粹，可以清醒地思考问题。很多企业家喜欢禅修静坐，其实就是庄子说的"道不欲杂，杂则多，多则扰，扰则忧"，修道的功夫就是要单纯、清静，没有打扰，没有忧虑，这时一切问题能看清楚了：自己，局面，当下，未来。所以，

我们看诸葛亮每次打仗前都要给自己算一卦，其实目的不在算卦，而是让自己静下来，观察形势，找准时机，静极而动。

所以，"心斋"最终的目标正是"清净无为"。心斋，最终"斋"出来的就是一颗无为的清静心。庄子借孔子之口说，"当你心情安静，可用耳根回转来听自己时，内心的意识将不会因为外境而动，能用心用气与万物连接时，连鬼神都会依附于你，更何况一般的人呢"。

当你心境明亮，虚而待物时，心情是松弛的，眉眼是欢喜的，内心是空灵的，没有评价，没有傲慢，这就达到了《清静经》所说"人能常清净，天地悉皆归"的境界了。这句话的意思是，一个人如果内心清静，那么天地的力量都会聚集到你的生命中来。

后世的道家，根据庄子的这些只言片语，总结也好，归纳也好，演绎也好，研究出了很多修炼的基本方法，比如道家的四个基本功法：心斋、坐忘、缘督、导引，这都出自《庄子》。

"坐忘"就是静坐忘身，出自《大宗师》；"缘督"出自《养生主》，遵循中道，运行督脉，后来演化成了运行任督二脉，以延年益寿；"导引"就是导形肢体，以通经络，出自《庄子·刻意》，后来的五禽戏、八段锦等都是源自此。

总之，"心斋"就是指向内心的清虚宁静，就是清净心。所谓修炼心斋，即是对应逍遥游中"无己"的概念，就是放空，放下自己原有的惯性，消除一切自我的私欲，自我喜好，自我成见，让心达到虚无空明，虚静忘我，然后达到不掺杂一丝杂念的"无名"境界。

"心斋"的修炼最终是达到"无"的境界，拥有"心斋"的智慧才能达到心与心的深度连接，学习"心斋"，学习听之以气，学会调频，可以跟不同的环境同频，才能更好地适应环境以及改变环境。

从"用耳听"到"用心听"到"用气听"，才会产生不一样的气场，才会被倾听、被接纳和被尊重。无论是否有形式上的修炼法门，也无论"心斋"是结果还是过程，只要遵循本质去做就可以得到"清净心"这个结果。

利人先正己，当自己游刃有余之后，才有可能达到"无用之用"。让你在人世间生存得更好，得以保身，全身，养亲，尽年，并释放出灵魂的氧气。

如何与恶人相处

在《庄子·人间世》里，庄子讲了"如何与恶人相处"的故事，你可能会提出疑问：为什么我要与恶人相处呢？我离他们远远的不就好了吗？我这一生只与好人善人相处就可以了。

可是，人这漫长一生，有时没得选，你也许就需要在某一个时间里与某些恶人相处，或是你一开始也无法辨别谁善谁恶。人在世间生活，要面对形形色色的人，这中间难免遇到恶人。

《庄子·人间世》讲了一个关于如何与恶人相处的故事：

颜阖将傅卫灵公大子，而问于蘧伯玉曰："有人于此，其德天杀。与之为无方，则危吾国；与之为有方，则危吾身。其知适足以知人之过，而不知其所以过。若然者，吾奈之何？"

蘧伯玉曰："善哉问乎！戒之，慎之，正女身也哉！形莫若就，心莫若和。虽然，之二者有患。就不欲入，和不欲出。形就而入，且为颠为灭，为崩为蹶；心和而出，且为声为名，为妖为孽。彼且为婴儿，亦与之为婴儿；彼且为无町畦，亦与之为无町畦；彼且为无崖，亦与之为无崖。达之，入于无疵。"

鲁国隐士彦阖即将出山，被邀请去卫国担任太子的老师，彦阖自己不想去又推不掉。彦阖用"其德天杀"这四个字形容这个太子，可见此人已经是坏到极致了，这个太子就是蒯聩，天性残暴出了名。蒯聩后来成为春秋时期卫国的第三十任国君。

彦阖心惊胆战，左右为难，不知道要如何与这样的恶人相处。临行前他决定向一个高人请教，这个人就是卫国的元老级大臣蘧伯玉。他既是孔子的好朋友，也是位神仙级的智者。蘧伯玉崇尚无为而治，在那个年代活到了 101 岁，可谓是德高望重，福寿双全。

彦阖便向他请教说：有一个人，天性凶残，刻薄寡恩，我去当他老师，如果不用法度去管制他，教育不好他，将来肯定会危害国家。如果用法度去约束他，肯定会得罪他，那我个人也就危险了。因为他的智商，只能认识到他人的过错，却从没认识到自己的错误，像这种情况我该怎么办呢？

这又是一个两难的问题，可见人间事，就是各种各样的矛盾和无奈。蘧伯玉说：你这个问题问得好，一定要警惕，要谨慎，要稳住自己。原文是"戒之，慎之，正汝身哉。形莫若就，心莫若和"。

接着，蘧伯玉开始给彦阖支招，他说：对于这种人，表面上一定要谦和顺从他，当然表面的顺从也不能陷得太深，不要被他彻底给带偏了。你内心要抱着清醒自我和调和的态度。意思很明显了，就是"顺之、改之"，要和他顺应在一起，同时也要巧妙地引导他。他如果像无知的孩子贪玩，那你也玩；他不受约束，你也像他一样不受约束；他放荡不羁，你不妨跟他一样的不羁；让他觉得你与他是同类。这样做切记不要表现出来你内心的好，更不能过于显露你的才华。慢慢地，将他的思想引导疏通，进入一个正轨，就不会有什么过失。

应该说，蘧伯玉说的这个相处的尺度特别难以把握，一句话说错了，就可能被杀掉。蘧伯玉教给彦阖的技巧也很微妙，基本上就像是当间谍，你表面上得顺着他，不然就危险了，光顺着还不行，还要引导他向好的方向发展。顺着他的时候又不能被他同化了，就像卧底，稍微意志不够坚定，很可能就失去自我。然后，引导他的时候，又要很有艺术，不能让对方看出来，不能直接讲大道理。总之，这个度的把握是要靠悟的，没有明确的标准。

汝不知夫螳螂乎？怒其臂以当车辙，不知其不胜任也，是其才之美者也。戒之，慎之！积伐而美者以犯之，几矣！

汝不知夫养虎者乎？不敢以生物与之，为其杀之之怒也；不敢以全物与之，为其决之之怒也；时其饥饱，达其怒心。虎之与人异类而媚养己者，顺也；故其杀者，逆也。（《庄子·人间世》）

接着，蘧伯玉又给彦阖讲了两个寓言故事。第一个是"螳臂当车"的寓言。蘧伯玉问彦阖：你知道"螳臂当车"的故事吧？为什么螳螂要去挡车呢？因为它觉得自己的胳臂长，自以为挺厉害的，然后就去挡车，结局很悲惨。

"螳臂当车"的寓言，就是说人不能自不量力，与恶人硬碰硬，去展示自己的才能，去触犯他，那是肯定没有好结果的。不要过于高估自己的能力，要警惕，要谨慎，如果多次夸耀自己的才能去触犯他，那你就危险。

蘧伯玉讲的第二个寓言是关于养虎人的故事。说大凡有经验的养虎人，都会顺着老虎的性子来，从来不给老虎喂活的动物，这是因为害怕老虎在吃活物的时候诱发其兽性，也从来不敢把整个动物喂给它，因为担心老虎在撕裂动物的时候诱发其凶残的本性。

养老虎最重要的就是"时其饥饱，达其怒心"。要掌握它的饥饱时间，了解它的喜怒习性。老虎虽然是猛兽，却与喂养它的人很亲近，这是因为养虎人能够顺应老虎的性子。老虎之所以伤害人，也是因为那些人违逆了它的性情。蘧伯玉用养虎人的寓言告诉彦阖应该如何辅佐太子，时常记住"伴君如伴虎"。

如果是庄子，他会从一开始就不选择走这条路，不去冒这个险。"终身不仕，以快吾志焉。"庄子认为在乱世当中，不要选择仕途，那样太凶险，太为难，太不自由，所以当楚威王邀请庄子出山为相的时候，他直接就拒绝了。我们看屈原跳江自尽的结局，就能理解庄子的先见之明。

所以，如果一开始就能避免与恶人小人相处，当然是最好的。问题在于，很多时候是身不由己，就像是彦阖，他没得选择。所以，在这里庄子借蘧伯玉之口教导我们要如何与恶人小人相处。

庄子提出他的六字箴言："先迎合，后引导。"当正面沟通解决不了问题的时候，更高明的做法是先投其所好，再伺机改变。先迎合，对方才不会把你当成敌人，首先就避免了正面的矛盾冲突，保全了你的性命。相处好了，就有机会改造对方，并且达成你的目的。

我讲一个我自己真实的故事。我在北京上大学的时候，为了赚点生活费，就选择去当家教。有一次，我接到一个家教的单，家长提前给我打了个长长的电话，介绍了他家孩子的情况，反正就是那种很叛逆、很难搞的。因为我那时的普通话很不好，满口的广东潮州普通话口音，很多北京的家长都不愿意请我们普通话不好的，怕我们把他们家孩子的普通话给带坏了，所以我们不容易接到家教单。

好不容易有这样的机会，我想再难我也要试一试。第二天，我就去了，结果一接触，确实是一个"小野兽"。那男孩 14 岁，先用一口北京腔，把我调侃了一番，说老师就你这普通话还想来教我，把门一关，就开始对我冷嘲热讽。我没办法呀，赚点生活费不容易，就学着迎合他，他说想去颐和园玩，我就陪他去颐和园溜冰，他说想去长城，我就陪他一起去爬八达岭，一段时间后，我们就成了好朋友了，他慢慢地放下对我的芥蒂，开始分享一些他自己的事了。就这样，我慢慢地走进他的世界，然后也能教导他了。这孩子长大后，我们还很长时间保持着联系，后来他还出国留学了。

在《养生主》中，我们讲了"庖丁解牛"的故事，庄子其实已经告诉我们，硬碰硬只会两败俱伤，不如顺着牛的神经网络，绕开牛身上所有硬的东西，这样当牛被你解开的时候，它自己都不知道自己被解开了。这是多么高的境界啊，这就是游刃有余地解决复杂的问题。

庄子深刻洞察人性，他说，对待恶人，千万不要去激怒他，否则，就像给老虎喂活物一样，只会激发它凶残的一面。我们看新闻时，经常看到一些悲剧和暴力事件发生，其实都是事先没有预料到对方的人性这么恶，当意识到了又来不及躲掉。

2004 年某大学宿舍凶杀案大家不知道是否还记得，主角叫马加爵，广西一个贫苦人家孩子，通过努力学习考上大学，成为父母的骄傲。然而，在一次与宿舍同学打牌的过程中产生纠纷，另外几位舍友说马加爵打牌时作弊，还指责马加爵人品有问题，结果马加爵的自尊心受到了极大的刺激，起了杀心。最终，他精心布局，分成几天时间把舍友一个个杀害，这就是 20 年前震惊全国的大学生宿舍惨案，骇人听闻。

在庄子的《人间世》中，庄子借蘧伯玉之口告诫彦阖，意在说明真正的智慧不仅仅是知识和技能，更重要的是明白如何适应环境、了解他人和自身的局限。

此故事中，蘧伯玉的教诲强调了以下几点。

其一，遵循天时、地利、人和的原则，要做成大事，这三者缺一不可。

其二，明白每个人都有其特定的天赋和局限，要善于洞察人性中的善与恶。

其三，正确评估自己的能力和环境，不盲目自大或自卑，要记住"螳臂当车"的故事。

其四，学会适应环境，不过度执着于自己的观点和方式。

这些教诲实际上是庄子的处世哲学，那就是与天地自然相和，不逆其道。同时，他也提醒我们在与他人交往和处理事务时，要有智慧、洞察和柔韧性，尤其是与恶人小人相处，千万不要低估了人性恶的一面，要学会保护好自己。

两棵树的智慧，自在于世间

庄子在《人间世》里讲了两棵树的故事。一棵是长在曲辕的栎树，另一棵长在商丘，两棵树因为被世人视为"无用"，所以得以自在地生活在世间。庄子将被视为无用的树木称为"散木"，把被视为无用的人称为"散人"。

匠石之齐，至于曲辕，见栎社树。其大蔽数千牛，絜之百围，其高临山十仞而后有枝，其可以舟者旁十数。观者如市，匠伯不顾，遂行不辍。

弟子厌观之，走及匠石，曰："自吾执斧斤以随夫子，未尝见材如此其美也。先生不肯视，行不辍，何邪？"

曰："已矣，勿言之矣！散木也，以为舟则沉，以为棺椁则速腐，以为器则速毁，以为门户则液樠，以为柱则蠹，是不材之木也。无所可用，故能若是之寿。"

《人间世》里第一棵树是齐国曲辕的一棵栎树，它长在祭祀土地的神社旁边，所以又被称为"社树"。这棵栎树大到可以遮蔽几千头牛，用绳子量就是有百尺粗，单单树干就高出山头数十尺，然后才开始长树枝。"观者如市"，前来驻足观赏的人，像菜市场一样热闹。

有一天，一个叫匠石的木匠路过这里，他看都不看一眼就继续赶路。匠石的弟子，忍不住对这个树看了很久，然后跑着赶上匠石就说：自从我执斧跟随老师学艺以来，从未见过像这么好的木材，老师您却不肯多看它一眼，这是何故呢？

匠石说：算了吧，不要说它了。那就是一棵无用的散木，用它来造船就会沉没，用它做棺材很快就会腐烂，用它打造器具用不了多久就会损毁，用它做木门就会流出乌浆，用它做柱子，就会被虫蛀。总之做什么都不行。

这叫"不材之木"。因为它没什么"用处"，所以能有这么长的寿命，如此高大伟岸的大树，俨然就是大自然界叹为观止的杰作。但在木匠看来，它只是散木，是不材之木，没有地方可用。

在这里，木匠从人的实用功利的立场观物，物对于人而言，仅仅是"有用"与"无用"之分。所谓"用"是指一物能够满足人的某种具体需要的用途，也就是使用价值。有用之物，必有其用，有用之物的用，简称"有用之用"。有用之用是具体的，是人所共知的，如树木之用，葫芦之用，也包括人之用，人类因此只看到物的有用性，而看不到物的无限广阔的丰富性，看不到物的美以及物本身。

人们看到一棵树就想到，"这是什么树啊？可以用来做什么？"对此树木本身的姿态，本身的美却很少去感受。看到一头大象，只看到了象牙如此之长，又想到如今市场价格如何？却没有想到这头象本身是一个珍贵的生命。卖水的看见山泉水都是钱，当他眼中只有钱的时候，不会看到泉水的美丽清澈。

匠石归，栎社见梦曰："女将恶乎比予哉？若将比予于文木邪？夫柤梨橘柚，果蓏之属，实熟则剥，剥则辱。大枝折，小枝泄。此以其能苦其生者也。故不终其天年而中道夭，自掊击于世俗者也。物莫不若是。且予求无所可用久矣！几死，乃今得之，为予大用。使予也而有用，且得有此大也邪？且也若与予也皆物也，奈何哉其相物也？而几死之散人，又恶知散木！"（《庄子·人间世》）

故事还没有结束。白天匠石和弟子的对话惹怒了栎树，到了晚上，匠石做了一个梦，梦里栎树找上门就来质问了。

栎树说：你要用什么和我相比呢？拿我跟有用的树比吗？那些山楂树、梨树、橘树、柚子树，以及花果之类的果实，成熟以后会遭到扭断摧残，就会落个屈辱的下场，大枝被折断，小枝被扯了下来。这都是因为他们"有用"，生命总是遭受摧残，遭受残害，所以中途夭折，不能善终，世间万物都是遵循这样的道理。

栎树接着说：何况我寻求"无用"的境地已经很久了，多少次差点都被砍掉，直到现在才有幸保全自己。如果我对世人真的有用，我哪里可以长这么高，这么大呢，况且你我都是世间之物，为什么你眼光这样肤浅呢，你是将死的无用散人，又怎么理解什么是无用的散木呢？

栎树越说越生气，扔下上面那句话就消失了。接下来，匠石就把这个梦讲给他弟子听，弟子很不理解地问：既然这棵栎树是想让自己无用，又干吗要当一棵社树让人乘凉呢？

接着，庄子借匠石之口彻底翻牌了说：栎树寄身于神社是它的外象而已，是自保之道。因为它自身的特征，如果不做社树，可能早就被砍伐了。况且它保身之法与众不同，我们如果以自己的眼光妄下定义，那境界就差远了。这个社树只是将自己的生命寄托在这样一个"位置"罢了。生命为什么要托身一个"位置"呢？因为在人世间的"磨炼"，必须找一个能够与之合适的"位置"托身，庄子讲的"乘物以游心，托不得已以养中"，其实也就是对社树精神最好的概括。

庄子接着说，作为世间"散人"，也是要找好自己的位置，找到自己的谋生之道，爱护自己的身体，以养护自己的心神。虽然职业、身体，这些都是外在的东西，但如果没有职业，也就没有生存的来源，没有生存之本，身体也就无从照看。身躯败坏，那你的心灵也就无所寄托了。只有找好"位置"，然后才能减少对物的执着，专注于自己，让心灵澄澈、无思无虑，做到像栎树一样延年，活出本该活出的样子。

《人间世》里的第二棵树是长在商丘的一棵树，也是大得离谱，这棵树下能容千辆马车乘凉。我们来看看这棵树的故事：

南伯子綦游乎商之丘，见大木焉有异，结驷千乘，隐将芘其所藾。子綦曰："此何木也哉！此必有异材夫！"仰而视其细枝，则拳曲而不可以为栋梁；俯而视其大根，则轴解而不可以为棺椁；咶其叶，则口烂而为伤；嗅之，则使人狂酲，三日而不已。子綦曰："此果不材之木也，以至于此其大也。嗟乎神人，以此不材！"（《庄子·人间世》）

南伯子綦到商丘游览，他看到一棵大树异于寻常，观察后感叹说："好大一棵树啊，它的材质肯定是不同寻常的。"

研究半天后南伯子綦发现，大树的树枝，弯弯曲曲的，不能做梁柱，树干轴心已经有了裂纹，不能做棺材；舌头舔下，嘴就溃烂了；闻了闻它的气味，能使人烂醉如泥，三天都醒不过来。

南伯子綦感叹道：此树果真是不才之木也，正因如此，它才能长得这么高大茂盛，神人也是以不才的面目显示于人间，"不才者，大才也"。南伯子綦的觉悟就比匠石高多了。

与这两棵树形成鲜明对比的，是宋国荆氏这个地方适宜生长的楸树、柏树、桑树，因为很有用，所以境遇很惨。这些树长到一两把粗，就被砍去当木桩拴猕猴，长到三四把粗就被砍去当房梁，长到七八把粗就被砍去当棺材板了。"未终其天年而中道夭于斧斤"，总之，这些树木不能尽享天年，而中途夭折于刀斧之下。这就是有用之才遭遇了祸患，相对于无用的散木，这些有用之木，是能够满足人们实际需要、某种实际用途的，所以它们被称为"文木"。

当人们从实用的功利立场出发，自以为是地以"有用无用""有害无害"这种眼光来看待万物时，眼光是狭隘的。马不是因为成为人的工具才称其为"马"，一匹马成为"千里马"，是人的幸运，却不是马的幸运，世上没有一匹马愿意成为"千里马"。同时，由于人的能力强大，当人们以如此眼光看待万物时，必然会对万物造成伤害。

刘慈欣的长篇科幻小说《三体》里有这么一段对话：

一个记者问一个伐木工说："你锯倒这棵树用了多长时间？"

伐木工说，不到十分钟。

记者又问："那它多少岁了？"

伐木工回答说："不知道数数它年轮呗？"

记者说："我数了300岁，300多年呀，它发芽的时候还是明朝呢，它经历了多少风雨，见证了多少事儿，可你只用几分钟就把它锯倒了。你真没有感到什么吗？"

伐木工说："你想让我感到什么？不就是一棵树吗？这片林子里最不缺的就是树，比它年长的老松树多的是。"

这么一段简单的对话，令人深思。假如人类为了繁衍下去，这样做是可以理解的，毕竟我们繁衍和生存是"人道"，但纯粹的愚昧无知地去这么做，那人类还真的是逆天道而行。当然，人类做的不人道的事，又何止这一件呢？人类为了象牙去猎杀大象，为了虎皮去猎杀老虎，为了鹿角去猎杀野鹿，为了获取高额利润去捕杀鲸鱼，就因为象牙、虎皮、鹿角、鲸油可以为人所用，这是大象、老虎、野鹿、鲸鱼的悲惨，也是整个人类的悲哀。

庄子在《人间世》中通过两棵"无用"之树的故事，进一步深化了他对于"无用之用"和"自然而然"的哲学思考。

两棵树因为不适合伐木，所以避免了被砍伐的命运。庄子通过这个比喻告诉我们，有时"无用"正是其存在的价值。在现实中，追求功利和效率的社会常常忽略了那些表面上看起来"无用"的事物或人。但从另一个角度看，正因为他们"无用"，他们才能长久地存在，享受生命的自在。

庄子的哲理在于：不要过于追求外在的功利，而忽略了内在的价值和自然之道。世间万物，无论是树还是人，都有其存在的价值。正如庄子所说，与其追求世间的荣华富贵，不如回归自然，寻找与"道"相合的生活，这样才能真正实现人生的自由和自在。

庄子一生贫困，经常要借米，要靠卖草鞋来维持生活，为什么能写下千古流传的《庄子》，是不是要感谢上天赐予他平庸，像根散木，却做了一件极不平庸的事呢？

《人间世》里的两棵无用之树正是庄子笔下的得道"真人"，在我们后世人眼中也就是老子庄子这样的思想家。表面上看，他们在历史上没有开疆辟土的功业，但是他们伟大而深远的智慧，几千年来一直在庇护着我们的众生，而且源远流长。

狂人与怪人

前面谈了"散木"和"散人"。被世人视为无用之木称之为"散木"，无用之人称之为"散人"。"散人"由此成为道家人物的称谓，"散人"代表着一种逍遥游的境界，更是代表着道家的精神气质。

庄子在《人间世》里讲了第一个经典的"散人"，就是怪人丑人支离疏，听到这个名字，你想到的就是"支离破碎"的样子。

支离疏者，颐隐于脐，肩高于顶，会撮指天，五管在上，两髀为胁。挫针治繲，足以餬口；鼓筴播精，足以食十人。上征武士，则支离攘臂而游于其间；上有大役，则支离以有常疾不受功；上与病者粟，则受三锺与十束薪。夫支离其形者，犹足以养其身，终其天年，又况支离其德者乎！

支离疏到底长什么样呢？他严重地驼背，驼到什么程度呢？他的头驼到两腿之间，脸都在肚脐之下，肩膀高过头顶，脑后的发髻朝天，他跟别人讲话的时候，不是抬头看你，而是转头望你，然后是五脏的血管向上，两条大腿和胸旁肋骨并生在一起。

你如果按照庄子的描述去画一张画，画出来你会惊讶这还是个人吗？简直就是个怪胎，身体严重残障，天下恐怕很难找得到，这样的人怎么生活呢？

你先不要急着同情他，庄子笔下的支离疏活得还挺好的。他替别人缝补衣物，洗洗衣服，赚的钱可以养活一家人，再替别人筛米簸糠，又可以养活十来人。等到国家打仗要征兵的时候，征兵场上都是一些身强力壮的年轻人，支离疏可以大摇大摆地在街上游走，征兵怎么也征不到他。然后官府征劳工，筑长城，开运河，也征不到他。但国家发放救济金的时候他就排名第一，可以领到三钟米和十捆柴。

庄子所处的战国时代，征兵徭役繁多，民不聊生，庄子虚构出"支离疏"这样的散人怪人，记录了那个时代的荒唐。在别人眼里，支离疏是一位十级的残疾人，很不幸，然而，在那个战乱年代，很多正常人要么死在战场上，要么死在工地上，而支离疏却得以终其天年，这与"塞翁失马焉知非福"的故事十分契合。

庄子用"支离其德"来形容支离疏，这里的"德"是养身、养心之德，此德显然不同于儒家之德，它不注重仁义礼智信，而注重精神的自由，不希望整个社会遵循一些固定的道德框架来运行，而更加尊重每个人的个性与选择。

讲完了怪人支离疏，在《人间世》最后写了一个楚狂人接舆，写了接舆与孔子的对话，其实是庄子与孔子的一次对话，非常精彩。

孔子适楚，楚狂接舆游其门曰："凤兮凤兮，何如德之衰也。来世不可待，往世不可追也。天下有道，圣人成焉；天下无道，圣人生焉。方今之时，仅免刑焉！福轻乎羽，莫之知载；祸重乎地，莫之知避。已乎，已乎！临人以德。殆乎，殆乎！画地而趋。迷阳迷阳，无伤吾行。吾行郤曲，无伤吾足。"

这位楚狂人，竟然嘲笑孔子，说他跑到楚国是自找倒霉，不会有好结果。具体故事是这样的：孔子来到楚国，楚国的狂人接舆来到孔子门前唱道："凤啊，凤啊，你推行的德行为什么衰败了？来世是不可期待的，往世是不可追回的。天下有道，圣人可以成就事业；天下无道，圣人可以保全性命；如今这个时代，只能求免遭刑罚。"

"凤"是形容有德有才的人，这里是指孔子，含有嘲讽的意味。"来世不可待，往世不可追也"，成了千古名句，这句话是说孔子追求的德政虚无缥缈，如空中楼阁，不可期待；孔子所推崇的古代周礼，已经一去不复返，无法再追回了。未来无法期待，过去也无法挽回，这句话也成为现代安慰人最好的心灵解药，提醒人们追求幸福要在当下。

在楚狂人接舆看来，孔子在这个无道的时代，非要费力不讨好地去推行他的德政，这是自取其辱，实在是不识时务。

事实上，孔子也曾自嘲如"丧家之犬"，孔子既乐观又很无奈，豁达而又知命地看待自己的处境，他的仁政没有被各国采纳，相反，自己被"削于卫，困于陈蔡"，七天没有吃的，还在那里弹琴。经过漂泊磨难之后回到鲁国，孔子终于明白，这样周游列国推广思想没有用，不如退而著书，于是就开始编订《周易》，修订《诗经》，著《春秋》等，留下了儒家两千多年经典作品。儒家的这些经典作品流传两千多年。

所以，儒道两家其实都看到了社会问题和主要矛盾，只是采取的处理方法不同而已。楚狂接舆对孔子说的话，并不是对社会不负责任，而是先保全自己，才能把思想流传下来。我们无论是读道家，还是儒家，要能读到这份古代圣贤的苦心，深知他们一生的凶险与磨难，才是真的读懂了。如同庄子说的，即便千年以后遇到一个读懂他的人，那也是"旦暮之遇"，就像是今天我们遇见庄子一样。

在《人间世》的结尾，庄子借楚狂接舆之口对孔子进行评价和劝慰，他是理解孔子的，但他认为儒家所推行的道德礼制不足以救社会。可见庄子是人间清醒，以及对当时社会黑暗的失望。整个对话的过程，既可以理解为庄子与儒家的对话，也可以理解为庄子与世界的对话。

《人间世》里，庄子讲了三件事、两棵树、一个怪人和一个狂人，讲了这么多的故事，那么庄子最终到底想表达什么？

庄子的修行，从来不是要你隐身到山林里吸风饮露，庄子一再强调，我们要在滚滚红尘的人间世里，在很多挫败和人间的变化当中，去淬炼自己的心智，提升个人修为的境界。

在世人都将眼光放在"有用"之时，庄子已经在"无用"上开辟了一片天地。

大家看到了有用之处带来的名声、财富，也看到了这些东西带来的危险。树越有用，死得越早。而看似没有用的，全都长成了参天大树。庄子又在无用之处，找到了"本性"和"自由"。

所以，纵观整个庄子哲学，无论是《逍遥游》还是《齐物论》以及《养生主》，也包括这篇《人间世》，庄子其实都在讲"心性"，在讲如何"调伏心性"。可以说庄子是在讲"人道"如何遵循"天道"，"心性"如何拥有"道性"，站在"天道"位置俯瞰"人道"，始终是庄子一个独特的视角，也是庄子哲学里的一大特色。

实际上，庄子的《人间世》是在讲"心性"，具体而言讲了"三颗心":"执着心""分别心"和"清静心"。

"执着心"是对名利的执着,当人们过度追求某种东西时,往往就会陷入执念或偏执,从而迷失自我。"分别心"是对有用与无用、好与坏、善与恶等的分别对待,然后就给世间万物贴上各种标签,导致人们对事情持有偏见,看不到事物的本质和真相。"清静心"是一种超越执着和判断的心态,达到一种纯净、和谐和宁静的状态。

庄子在《人间世》当中,讲的很多故事明显是指向"执着心""分别心",而对于"清净心",则隐喻在其中。

"清净"一词源自《道德经》,常常与"无为"连在一起,"清净无为"是道家最常用的一个词。道家还有一部经典叫《太上老君说常清静经》,简称《清静经》,这部经典描述了道家对于心性修炼和内敛的观念,强调心的清静和无为。

回到《人间世》的故事里,充满困惑、无奈、纠结、两难,若追本溯源,都是"清净心"的缺失。

有的纠结理想抱负,有的纠结成败得失,有的纠结吉凶命运,在这三种情况下,虽然入世做事,想着做好事,但是最终结果未必能成功,未必是好事,也可能是好事变成坏事,所以孔子说颜回是"以火救火,以水救水"。这一切问题都源自心不清净。孔子让颜回别着急,修炼好自己再说。蘧伯玉让彦阖遇到两难心别乱,其实都是让他们从分别心、执着心,以及各种不宁静中解脱出来,回归到清净心,就像孔子说的"道不欲杂,杂则多,多则扰,扰则忧,忧则不救"。

庄子的功力,故事虽短,但前后呼应,句句有理,句句有道,各种"道"蕴含其中。那么,庄子通过多个故事和寓言,告诉我们要调伏"分别心",放下"执着心",拥有"清净心"。

德充符：
成为一个有魅力的人

　　《德充符》的主旨在于强调内在德性的充实和重要性，以及这种德性如何使一个人成为具有真正魅力的人。通过一系列形体残缺但道德完美的人物故事，庄子展示了即使外表不完美，只要内心充满道德和智慧，也能成为具有吸引力的人。故事中的王骀、叔山无趾、申徒嘉等人，他们虽然身体有缺陷，但他们的道德修养和精神世界却异常丰富，成为人们心中的楷模。

　　庄子认为，真正的魅力来源于个人的内在品质，而非外表的完美。他通过王骀的故事告诉我们，即使是一个外形残缺的人，只要他能够实现"不言之教，无形而心成"，也能拥有众多的追随者，甚至孔子都表示愿意跟随他学习。这表明，在庄子看来，一个人的价值并不取决于他的外貌或身体条件，而是取决于他的内在德性和精神世界的丰富程度。

　　《德充符》中的"德"并非通常理解的道德或德行，而是指一种心态，即如何反映宇宙万物的本原观念和一体性观念。庄子通过讨论人的精神世界，强调了对内在生命充实圆满的追求，而不是外在表现形式的重要性。这种对内在德性的重视，构成了《德充符》的核心主题。

透过《德充符》，庄子传达了一个深刻的哲学观点：一个人的价值和魅力来源于其内在的精神世界和德性，而非外表的完美。这一观点不仅体现了庄子对人的深刻理解，也为后人提供了关于"如何成为一个有魅力的人"的重要启示。

如何成为一个超级有魅力的人

《德充符》很有意思，可以说是丑人怪人大合集，庄子讲了多个畸形人的故事，这些故事背后暗藏的智慧非常高深，能领悟他的人，有机会成为充满魅力的人。

我们先来看看"德充符"三个字是什么意思？

这里的"德"是道家的德，不是儒家的德。道家所讲的"德"和儒家所讲的"德"是有本质上区别的。

儒家之"德"，是指一种道德品质、德行或品行，它涉及个人和社会的道德规范，传统上是指仁、义、礼、智、信等社会价值观。

而道家之"德"，源于"道"，是道的体现，意味着与道相符的品质或力量。"德充符"的"充"，是指一个人内在神气充足；"符"是指一种状态。所以，"德充符"可以理解为一个人的内在品质，达到了一种充满或完整的状态。通俗易懂的话来表达，"德充符"就是内德充沛，内在完美，领悟天道的人。这样的人，就是庄子所说的超级有魅力的人。

庄子就像是一位伟大的编剧，在《德充符》里编写的几个人物故事非常精彩，他们很像明星，集体亮相，但这些人颜值几乎为零，甚至可以说是外形奇怪丑陋，但只要你能与他们相处，就会被他们影响和改变，而且会发自内心地尊重和喜欢他们。

鲁有兀者王骀，从之游者与仲尼相若。常季问于仲尼曰："王骀，兀者也，从之游者与夫子中分鲁。立不教，坐不议。虚而往，实而归。固有不言之教，无形而心成者邪？是何人也？"仲尼曰："夫子，圣人也，丘也直后而未往耳！丘将以为师，而况不若丘者乎！奚假鲁国，丘将引天下而与从之。"

第一个出场的是鲁国的兀者王骀。"兀"就是少了一只脚的意思，"兀者"指的是被刖足的人，刖刑是古代的一种酷刑，砍去一只脚或是双脚。在庄子所生活的那个年代，各种刑罚非常残酷，稍不注意就可能遭受刖刑这样的刑罚，给身体带来不可逆的伤害。至于王骀犯了什么事导致一只脚被砍掉，庄子并没有交代。

王骀虽然身体残缺，但这个人很厉害。"从之游者与仲尼相若"，他的粉丝却与孔子一样多。孔子的学生常季十分不能理解，他就问孔子说："王骀是一位断了脚的人，但跟他学习的弟子和跟随老师您的学生数量差不多，各占鲁国的一半。老师，这是一位什么样的人啊？"

我们知道鲁国是孔子的大本营，在鲁国竟然有人能与孔子分庭抗礼，而且还是一个少了一只脚的人。

孔子回答说："这位先生是位圣人，我也是落在他后面，我正准备找机会拜他为师呢？"

常季听后很震惊，觉得是不是太夸张了，孔子接着说，"不但我自己要拜他为师，向他学习，我还要转发朋友圈，号召全鲁国人都来追随他，因为这位先生是一位难得的圣人啊。"

常季接着说："听说这位先生站着不讲课，不教化学生，坐着也不讨论什么，但是跟随他的学生总是感觉空空而来，却收获满满地离去，这又是为什么呢？"

世界上怎么会有如此充满魅力的人呢？很可惜，在我们现实中很难再遇见这样的人了。到底是什么样的人可以让你坐在他旁边，保持沉默还不觉得尴尬，你本来有很多问题要问的，可是你一旦靠近他的时候，就觉得没有什么问题了。

常季曰："彼兀者也，而王先生，其与庸亦远矣。若然者，其用心也，独若之何？"仲尼曰："死生亦大矣，而不得与之变；虽天地覆坠，亦将不与之遗；审乎无假而不与物迁，命物之化而守其宗也。"

常季曰："何谓也？"仲尼曰："自其异者视之，肝胆楚越也；自其同者视之，万物皆一也。夫若然者，且不知耳目之所宜，而游心乎德之和。物视其所一而不见其所丧，视丧其足犹遗土也。"（《庄子·德充符》）

那孔子是如何看待这种情况的？他说："你知道死生对于人来说是最大的事情了吧，却不能改变他的心境，就算天塌地陷，他都不会消亡。"

孔子越说越激动，他说："这位先生啊，天下万物的变迁，命理时运的转化，他都不为所动，他只坚守根本的大道。"

常季很不能理解，这怎么能做到的呢？庄子继续借孔子之口来传道，他说人身上的肝与胆，站在器官自身的角度上看，他们各自占据一方，永远也无法走到一块去，就像楚国和越国一样遥不可及，但是上升一个维度，楚越同属于周朝天下，肝胆也只不过是人体器官的一个部分。

所以，大家都是平等的，王骀少了一只脚，只不过像丢了一块泥巴而已。庄子借孔子和常季的对话，留下了一个令人深思的问题：王骀从来都不教弟子们要怎么做，但弟子们却可以空空而来，收获满满地回去，这到底是怎么做到的？这其实就是人们常说的"不教而学"或者称为"不言之教"。

庄子通过"兀者王骀"的故事，告诉人们身体的不完整并不代表内心的不完美。王骀身体上有残缺，但他的智慧、慈悲和才能却是完整的，他的外在的不完美没有阻碍人们对他的尊重。

王骀心如止水，稳如磐石，处事不惊。少一只脚虽然让他没有颜值可言，却足以让人静下来，如沐春风，空虚而来，充实而去。庄子想说什么？这样的人超越了形体，超越了颜值，人们更关注的是内在的精神气质与德性魅力，这样的人超级有魅力。人的形体是天生的，是自己无法改变的，而精神与德性更多的是后天修炼而来的。

讲完了王骀的故事，接着我们讲一位《德充符》里最有魅力的人物——哀骀它。什么样的魅力呢？男人见了他都想接近他，女人见了他就想嫁给他，然而这个哀骀它长相却奇丑无比。

鲁哀公问于仲尼曰："卫有恶人焉，曰哀骀它。丈夫与之处者，思而不能去也；妇人见之，请于父母曰：'与为人妻，宁为夫子妾'者，数十而未止也。未尝有闻其唱者也，常和人而已矣。无君人之位以济乎人之死，无聚禄以望人之腹，又以恶骇天下，和而不唱，知不出乎四域，且而雌雄合乎前，是必有异乎人者也。寡人召而观之，果以恶骇天下。与寡人处，不至以月数，而寡人有意乎其为人也；不至乎期年，而寡人信之。国无宰，而寡人传国焉。闷然而后应，氾而若辞。寡人丑乎，卒授之国。无几何也，去寡人而行。寡人恤焉若有亡也，若无与乐是国也。是何人者也！"（《庄子·德充符》）

鲁哀公十分困惑地请教于孔子，不明白为何哀骀它会有如此大的魅力。此前，鲁哀公听闻哀骀它的奇闻逸事，于是，很好奇就把他请进宫。"召而观之，果然其以恶骇天下"，鲁哀公第一次见到哀骀它时，被吓了一跳，直言天下竟有如此丑陋之人。

或许是受好奇心所驱使，鲁哀公尝试着与哀骀它相处，不到数月，鲁哀公开始被哀骀它的魅力所吸引，十分欣赏并信任他，还想把国相之位授予他，可惜被哀骀它拒绝。后来，哀骀它离开鲁哀公而去，鲁哀公感觉怅然若失，郁郁寡欢。

鲁哀公对此十分不能理解，于是去请教孔子。孔子讲了一个故事说他有一次去楚国见到这样的场景：一头母野猪突然死去，正在吸吮母乳的小猪仔们发现母亲一动不动，结果纷纷惊恐而逃。孔子解释说，小猪仔们爱它们的母亲，爱的不是外形，而是真正的母爱，是内在的精神上的东西。

在这一段小插曲中，孔子想通过母野猪和小猪仔们的情景来阐述爱的本质：真正的爱是基于内在的情感和精神连接，而不仅仅是基于外在形式。而这正是庄子借孔子之口在讲"德"，对庄子来说，真正的德行、智慧和爱都是基于内在的，而不是外在的。

南怀瑾先生在《庄子南华》中说："《德充符》是说什么才是人生道德充满的境界，可是庄子用的都是外形残缺的人，这些残缺的人都有道。所以说，一个人道德的充沛与否，不在外形的美与不美。有人外形很健康，身体很壮，像西楚霸王项羽一样，也同黑人拳王一样，但是很蠢，没什么智慧，内在的灵魂不充沛，又有什么用呢？"

我们总有老去的一天，当我们变成年老色衰的老头老太太时，不再有年轻时的容貌和颜值，但那并不代表着我们就失去魅力了，看看100岁时的杨绛先生，看看90多岁身有残疾的许倬云先生，再看看近百岁的国学大师南怀瑾先生，他们博学、睿智、内德充沛、充满魅力，他们的崇拜者无数，这就是"德充符"。

在《德充符》里，庄子教我们如何成为一个超级有魅力的人。庄子讲述了少了一只脚的兀者王骀以及长得奇丑无比的哀骀它的故事，两个人都是超越了形体，超越了颜值，人们更关注的是内在的精神气质与德性魅力，这样的人超级有魅力。所谓的"德充符"，就是内德充沛，内在完美，领悟天道的人。

忘形又忘情，从自卑变强大的智慧

《德充符》第二个出场的人物是郑国的申徒嘉，和前面讲的兀者王骀一样，申徒嘉也少了一只脚，什么原因造成的，庄子并没有交代。

如果你已经超过了30岁，如果你还参加同学会，那你对申徒嘉的故事一定会深有感触。具体的故事是这样的：

> 申徒嘉，兀者也，而与郑子产同师于伯昏无人。子产谓申徒嘉曰："我先出则子止，子先出则我止。"其明日，又与合堂同席而坐。子产谓申徒嘉曰："我先出则子止，子先出则我止。今我将出，子可以止乎？其未邪？且子见执政而不违，子齐执政乎？"申徒嘉曰："先生之门固有执政焉如此哉？子而说子之执政而后人者也。闻之曰：'鉴明则尘垢不止，止则不明也。久与贤人处则无过。'今子之所取大者，先生也，而犹出言若是，不亦过乎！"（《庄子·德充符》）

申徒嘉跟郑国的执政大臣子产是同学，都是高人伯昏无人的弟子。申徒嘉这个连工作都没有、少了一只脚的无业游民，成天和子产这个鞍前马后、人模人样的高级干部平起平坐，同进同出，还毫无违和感。

日子一长，子产心里就很不舒服，终于有一天忍不住了，强忍着对申同学说："喂，我们来约定一下，以后呢，如果你要出去，我就坐着不动。我要先出这个门，你能不能稍微等一等再出来？你也不看看你自己的样子，你配和一个执政大臣同进同出吗？"

这话听起来像不像春节村子里面发小聚餐，像不像大学同学聚会的样子？只不过呢，有些人说了出来，有些人呢，并没有明说罢了。

申徒嘉听了之后，不卑不亢地说："丢人呐，我们的老师门下竟有这样的执政大臣，这样的弟子，你这是看不起谁呢？明亮的镜子不会落下尘埃，会落下尘埃的一定不是明镜，跟圣贤待的时间长了，就不会犯下过失。我看你跟伯昏无人先生学习了这么长时间，却还能说出这样的话来，你是不是应该好好照照镜子，看看尘埃到底是怎样钻进你的内心的？"

申徒嘉接着说："嘲笑我外貌的人多了去了，每次我非常生气的时候，只要来到伯昏老师的身边，怒气马上就烟消云散了，也不知道老师用什么神奇的道术洗净了我的灵魂，还是我自己悟出了什么生命的真谛。我跟随老师学习的 19 年，他从来没有感觉到我是个断足之人。但是你我同在这里修德，却在外形上歧视我，你不觉得很羞愧吗？"子产听了申徒嘉的这一番话，脸色都变了，觉得羞愧不已。

在这一则故事中，申徒嘉受过刑罚，是个刖足之人，而且还没有工作，社会地位极低。同是身体残缺之人，申徒嘉与上一则故事受世人敬仰尊重的王骀有着完全不同的境遇，世人皆施以嘲笑，而作为同学的执政大臣子产则以此为辱。而作为老师的伯昏无人却以春风化雨般化解申徒嘉内心的种种愤怒与不安，可以说老师乃是得道圣人。

这则故事当中，老师与学生三人，德之境界，高下立判。申徒嘉训斥子产的最后两句话十分有力："今子与我游于形骸之内，而子索我于形骸之外,不亦过乎!"形骸之内,就是内在的精神,形骸之外,就是外表。同是修心之人,有的人依然受困于外表及心外之物,放不下分别心,有的人则内外浑然一体,有的人则完全忘形又忘情,内心十分强大而充满魅力。

所以,真正的平等心不是说出来的,而是要看你怎么做。世俗之人最容易犯的毛病就是不能以平等心对待他人,尤其是身体有残缺之人。在《德充符》里,庄子又讲了一段孔子对话叔山无趾的故事,在庄子的笔下,孔子也未能免俗。

> 鲁有兀者叔山无趾,踵见仲尼。仲尼曰:"子不谨,前既犯患若是矣。虽今来,何及矣!"无趾曰:"吾唯不知务而轻用吾身,吾是以亡足。今吾来也,犹有尊足者存,吾是以务全之也。夫天无不覆,地无不载,吾以夫子为天地,安知夫子之犹若是也!"孔子曰:"丘则陋矣!夫子胡不入乎?请讲以所闻。"无趾出。孔子曰:"弟子勉之!夫无趾,兀者也,犹务学以复补前行之恶,而况全德之人乎!"(《庄子·德充符》)

在这个故事中,当叔山无趾初次去见孔子时,孔子的反应并不是很友好。孔子直接对叔山无趾提出批评意见,说他不够谨慎,以至于触犯刑罚断了脚趾,现在来见,为时已晚。

孔子认为,君子应当谨言慎行,以保全自身。叔山无趾遭到刖刑,无论如何都可以证明其自身有问题,如今反思悔过,也无法挽回。

针对孔子的严厉批评,叔山无趾表现得十分高明。他首先是承认自己年轻的时候"轻用吾身",没有好好珍惜自己的身体,犯了过错,以至于失去脚趾。但话锋一转,叔山无趾立马回击说:"今吾来也,犹有尊足者存,吾是以务全之也。"意思是我今天来拜见孔老夫子,是因为我身上还保存比脚更尊贵的东西。

叔山无趾所谓的"比脚更尊贵的东西"是什么呢？其实，就是庄子《德充符》中的"德"。叔山无趾要用"内德"，来充实完整的生命。用佛教的话来说，脚虽然没有了，但道性还在。

接着，叔山无趾毫不留情面地批评孔子说："夫天无不覆，地无不载，吾以夫子为天地，安知夫子之犹若是也！"叔山无趾的意思是天地包容万物，孕育出万物，世间一切皆平等。天道对万物是平等的，而被称为"圣人"的孔老夫子您，却表现出如此的分别心，实在是太令人失望了。

叔山无趾的一番话，让孔子无地自容，他马上回应说："丘则陋矣。夫子胡不入乎？请讲以所闻。"孔子马上向叔山赔礼道歉说，"对不起啊，我见地浅薄，孤陋寡闻，请先生您进来，讲讲您对道的认知和经验吧。"

此时，庄子用了三个字"无趾出"，叔山无趾直接离开了，没有接受孔子的邀请，庄子并没有交代原因，这里留给读者更多想象的空间。

孔子见叔山无趾走了，便借机勉励弟子们说："大家要努力啊，像叔山无趾这样受过刖刑的人，脚趾都没有了，但依然在学问上、道德上精进不止，弥补以前的过失。残疾之人都有向道求全的追求，何况是我们这些身体完整的人呢？"

从孔子勉励弟子们的话中可以看出，孔子其实依然认为叔山无趾德行不全，这表明孔子仍然没有超出对"全德之人"和"兀者"的分别心。

叔山无趾应该是道家人物，他和老子很熟悉，后来，叔山无趾就将这件事请教于老子。此时，他对孔子评价并不高，并认为孔子远远未达到"至人"的境界。叔山无趾最后说："天刑之，安可解！"这句话应该说有点严重了，他认为，人心若有缺陷，犹如受了天刑，难以弥补。

庄子在《齐物论》里的齐美丑，《德充符》里的超越形骸的精神，都是超越形体与外在而去探讨人性上的平等。只有超越动物性的惯性与本能，这种人性的光芒才能照亮自己，温暖他人。

在这里，庄子继续讲了两个身体残缺的人物，一个是少了一只脚的申徒嘉，一个是断了脚趾的叔山无趾，这两个人同是修道之人。"忘形"和"忘情"，让这两人从自卑变得内心十分强大。所谓的"忘形"和"忘情"，就是不以自己的形体为好坏，不以自己的好恶为评判的标准，这也是庄子所认为的"德"。

要安命，不要宿命

前面孔子与鲁哀公谈论哀骀它，讲到"命"的话题，庄子在《人间世》里有一句流传至今的名言"知其不可奈何而安之若命，德之至也"。安命是一种"德"，为什么呢？庄子在《德充符》里借孔子之口论述他的"安命论"。

仲尼曰："死生、存亡、穷达、贫富、贤与不肖、毁誉、饥渴、寒暑，是事之变，命之行也；日夜相代乎前，而知不能规乎其始者也。故不足以滑和，不可入于灵府。使之和豫，通而不失于兑。使日夜无隙，而与物为春，是接而生时于心者也。是之谓才全。"（《庄子·德充符》）

在《德充符》里，庄子借孔子之口，讲了命运中的八件事，死生、存亡、穷达、贫富、贤与不肖、毁誉、饥渴、寒暑，就像是昼夜交替一样，都是自然规律的运行。

死生，或是生死，有生就有死，生死是命运中最重要的事。有的人很长寿，有的人因为生病或是意外，中道夭折。古代的皇帝称为"万岁"，都想长生不老，那只能是一个美好的愿望，人能活过百岁就已经很不容易了，没有人能逃得过生死这一关。

存亡，是指一个国家的兴衰存亡，尽管历朝历代的皇帝也有励精图治的，但是也不等于这个国家就能一直存活下去，这是历史的规律，即便像汉唐这样强大的朝代，强大的国家，也有它结束的时候。在《三国演义》里，"滚滚长江东逝水，浪花淘尽英雄，古今成败多少事，都付笑谈中"，那么，所有历史上的一个强大的国家和强大的人物，最终都有消亡的一天。企业也是一样，企业也是一个生命体，最终都会消亡的。

所以，庄子在这里讲的是，死生存亡是我们命运中注定的事情，不会因为我们努力就能改变的。

穷达贫富也是如此。古代的"穷"不是贫穷的意思，"穷"是指穷途末路、无路可走的意思，"达"就是指四通八达、有路可走。那么，人的一生有的时候突然就无路可走了，有的时候就非常的顺利，做什么都很顺，一马平川，一往无前。这个也是我们个人无法控制的，你是出生在一个比较富裕幸福的书香门第，还是出生在一个家道中落的落魄家庭，这是你根本无法决定的。

接着是贤与不肖、毁誉。"贤"是指有才华有才能，"不肖"是指没有什么才能，这个才华才能也是我们决定不了的，有的人从小就天赋异禀，有的人就很平庸，天资一般。

然后寒暑饥渴对所有人都一样，我们要面对同样的寒冷天气或是暑热天气，我们要每天面对生存的忧虑，要吃要喝，还会生病，还要面对各种天灾人祸，这是所有人都面临的"命运"。

所以，庄子的"安命"，这个"命"是很具体的。庄子谈的命运的八件事，他认为是我们出生的时候就注定的，是不可改变的，可是庄子接着又有六个字很厉害，叫"事之变，命之行"，一切都会变化的，命不可以改但运可以改。如果我们的修为比较好，如果我们的思想比较通达，我们完全可以改变自己的人生。所以，庄子的思想没有消极的，如果你读出的是消极，说明你没有读懂庄子。

这就是庄子所讲的命运中的八件事。庄子在《德充符》里发明了一个独特的概念，叫"才全"。何谓"才全"？"才全"就是能在纷纷扰扰中保全自己的德性，保持心气的平和。所以，像哀骀它那样才全的人，懂得了什么是"安命"，做到庄子所说的"安时而处顺，哀乐不能入也"，对于人世穷达的处变不惊，对于自然变化的顺应接受。

庄子认为，命是天道所为，具有不可抗拒的必然性，人对此无能为力，只能接受。但他并不否定人的"有为"，而是在接受命运的前提下，鼓励人们选择适合自己的生活方式，以达到逍遥自得的状态。庄子的这一思想旨在通过生命层面的高度，永久地解决人生中的问题。

今天，我们中国人讲的信命，是安命，不是宿命，命不能改，但运可以改。那么，所谓"安命"，首先要知道自己的命是什么？

老子说："知人者智，自知者明。"知道别人是智慧，知道自己是高明。孔子说"五十而知天命"，人过了五十岁，一定要相信命，要知道自己适合做什么，不适合做什么，自己的能力、局限在哪里，自己的使命是什么。

每个人来到世上都有自己的使命，什么是使命？就是使你的生命有意义的事。你注定要做这个事，并且能做成，这是上天赋予你的。比如说，玄奘的使命是经过艰难险阻，前往西天取经，取回来然后翻译好传播出去；梵高的使命是把画画好，画出超越时代的伟大作品；马斯克的使命是改变世界，等等。

大使命有大痛苦，小使命有小痛苦，使命越大，所要承受的东西也就越多，所以，大家不要羡慕那些有大使命的人，他们所经历的痛苦和压力要大很多。

所以，安命不是不努力，而是找到自己的使命，对于使命之外的事就安了。对于使命本身，要付出全部的努力。使命之外，更复何求。安命是幸运的，那些知道自己使命的人，会拼尽全力地去完成自己的使命，这就是马斯洛说的人的自我价值的实现，这是最高价值。

其次，安命不是宿命。宿命是注定如此，一辈子都不可以改变的；宿命是你认命了，躺平了，不再努力了，觉得我的人生也就这样了。

其实，中国没有真正的"宿命论"，尤其对于庄子来说。中国人常常说"时来运转"，其实是在说"命"是静态的，"运"是动态的。庄子的观点是"安命论"，反对"宿命论"。庄子不悲观，庄子的安命是积极的安命，对人的才能没有设上限。我们从《逍遥游》可以看到，小鱼变成大鱼，大鱼变成大鸟，大鸟借着六月的风，扶摇直上九天，飞往南海，这种能力没有上限，同时鱼之所以能变成鸟，并实现飞天的理想，是因为找到了自己的使命。

对于大多数人来说，安命的重点在于你是否知道自己的使命，知道天道赋予你的最好的东西究竟是什么，你如何发挥它，能发挥到什么程度。庄子说，要安命才能逍遥，知道使命了，在完成使命的过程中，每时每刻都是逍遥的。

所以，《德充符》告诉我们，内德充沛的人，虽然形残，但能够做到安之若命，而把精力放在修德上。把身体上的残缺看作是大自然的馈赠，这样就不会去抱怨。如果你能够安之若命，就不会在情绪上给自己带来痛苦，不会在乎身边的人怎么评价你。这样的人捍卫了自己的尊严，不是通过功名，而是通过真正的游于内在的"德"，与天合一，达到齐物的境界。

重德不重貌，重神不重形。"德胜于形"，这一价值观值得我们今天推崇。

内心充盈，无情胜有情

《德充符》的最后，以庄子和惠子之间的一场关于有情无情的辩论收场。在这里，惠子再次成为庄子论道的"反面人物"。

惠子谓庄子曰："人故无情乎？"

庄子曰："然。"

惠子曰："人而无情，何以谓之人？"

庄子曰："道与之貌，天与之形，恶得不谓之人？"

惠子曰："既谓之人，恶得无情？"

庄子曰："是非吾所谓情也。吾所谓无情者，言人之不以好恶内伤其身，常因自然而不益生也。"

惠子曰："不益生，何以有其身？"

庄子曰："道与之貌，天与之形，无以好恶内伤其身。今子外乎子之神，劳乎子之精，倚树而吟，据槁梧而瞑。天选子之形，子以坚白鸣。"

惠子问庄子说："人原本是无情的吗？"庄子的回答是"然"，是肯定的。惠子反驳说："生而为人，却没有情感，这还能算是人吗？"庄子回答说："道给了人容貌，天给了人形体，怎么就不叫作人呢？"这里，庄子终于道出了《德充符》的真谛：人的相貌形体，都是由天道所赋予的，一切都只要"不伤其身"即可，最重要的还是修炼内心，即"身为外物，以德充之"。

这段对话，历史上也有许多不同版本的解读，统称为"无情论"。庄子很特立独行，中国文化中讲究"情"，庄子却独唱"无情论"。

那么，庄子的"无情论"到底在讲什么？庄子在《德充符》里讲"有人之形，无人之情。有人之形，故群于人；无人之情，故是非不得于身。"

这段话的意思是修行高的人，有人的形体，却没有人的俗情。有人的形体，所以在世俗中生活，要与他人相处；无人的俗情，就不会受别人影响。庄子是站在天道来看人道和人情的，天是自然的，天道是无情的，老子所说的"天地不仁，以万物为刍狗"是同样一个意思。

需要注意的是，庄子所说的"无情"，并不是说人没有感情，而是说人不应该以情伤身，被情所困，而应该顺应自然，遵循天道。

庄子的"无情论"在魏晋时期很是盛行，成为魏晋玄学四大课题之一，竹林七贤就将有情无情作为一个课题，经常开研讨会，甚至在喝酒弹唱中当成一个有趣的命题，点燃了一个时代的学术热情。

其中，最引人关注的是哲学家王弼的观点。王弼认为：圣人与普通人一样有喜怒哀乐怨五种感情，圣人智慧高，所以能洞察一切现象背后的本质，驾驭感情的能力也更强，所以能做到"应物而无累于物"，应对外物，但心不会累，也就是庄子所说的"物物而不物于物"。

尽管受庄子"无情论"的启发，但无情论在魏晋时期被文人墨客发挥到极致的却是"有情"，在社会高压政治下，生活中的尽情尽兴成为他们宣泄的唯一方式，他们把"情"作为个性自由的象征，把"情"放在了最高的价值。

我们从庄子的"无情"，到魏晋的"有情"，继续收缩到一个具体的话题上，就是"爱情"。中国古代哲学家很少直接谈论爱情，但在文学作品中从来不乏爱情的主题。其中，《牡丹亭》和《红楼梦》把爱情的价值抬到最高，把"情"演绎得淋漓尽致。情，固然是生命体验中极其重要的一部分，但是，情越深，越伤身害性，大家看看林黛玉就知道了，这是什么原因呢？没有伤害的爱可能有吗？

印度当代哲学家克里希那穆提认为，真正的爱是没有伤害的。他在《爱与寂寞》一书中说："占有不是爱，依赖不是爱，快乐也不是爱。人们往往是拿爱来填充自己的寂寞与空虚，逃避自己的孤独，满足自己的占有欲，于是必然会产生依赖、嫉妒、哀伤、仇恨等，这不是真正的爱，只是一段关系而已。"

所以，爱的本质应该是自由，我们在爱情中感到受伤、痛苦，那是因为我们想要从爱情中获得快乐，一旦当这种快乐不出现或不持续的时候，负面情绪就迅速产生。

克里希那穆提说，爱情是祝福，不是快乐。当你对对方没有要求时，两个人完全自由的情况下，是你心灵最安静了。就像陶渊明写的"悠然见南山"，爱情就出现了，回来了。所以，爱不应该被裹挟在各种欲望、野心中，爱不是用来填充内心空虚的，一旦把爱当作实现你自己的工具，爱就死了，伤害与怨恨就出现了。就像《爱与寂寞》一书中所说的："只有当心灵非常安静、无私、不以自我为中心的时候，爱才会来临。"

所以，从这一层面理解，爱是最高的德，这正好暗合了庄子的"道是无情却有情"的至高智慧。

庄子的"无情论"，无情即忘情。《大宗师》里，庄子说："相濡以沫，不如相忘于江湖。"这个是最难的，相忘于江湖，实际上是相忘于道。

我们前面说无情是不被情所伤，但实际情况往往是，被情伤了后才能无情，才开悟了。以《红楼梦》为例，贾宝玉经历的就是从多情到无情的过程。贾宝玉曾经是"情种"，把人世间的各种情感几乎都经历了一遍。情感之纯粹与丰富，文学作品中的形象没有超越贾宝玉的。

贾宝玉在《红楼梦》中经历了丰富的情感历程。最初，他对情感有着深刻的理解和体验，认为情感各有定分，不应勉强。然而，随着故事的发展，他所爱的女孩们相继去世或离开，特别是林黛玉的去世，使他的心灵受到了极大的打击。这些经历让他逐渐走向了无情，最终出家，悟出了"大地白茫茫一片真干净"的境界。这一过程从多情到无情，充满了悲壮和辛苦。

经历了各种情伤，才走到了无情，如果倒过来呢？先知道"大地白茫茫一片真干净"，一切情起必有情终，一切勉强必有分离，一切占有必有失去，于是从一开始就无求地爱着，没有占有，没有依赖，那就是庄子"无情"的境界了，也就接近了佛家的境界了。

至此，《德充符》写了四个人物故事，庄子通过王骀、申徒嘉、叔山无趾以及哀骀它这四个人物展现了一个核心理念：即尽管他们各自都有某种外在的"缺陷"或"不完整"，但他们内心都充满了完整的德性，与天道相符。他们都展现出了一种超越外在形态，追求内在完满的人生态度。以下是这些人物的共同点：

第一，超越外在的"缺陷"。四个人物要么受了刖刑而断足，要么少了脚趾无法正常走路，要么外形丑陋怪异，但他们都没有被外在的缺陷所困扰，而是超越这些"缺陷"过上了充实、有意义的生活。

第二，内在的完满与德性。这些人物的生活并不是基于他们外在的形态，而是基于他们内心的德性和智慧。他们以自己的方式体现了天道的完满，展现了内在德性的充足。

第三，与众不同的智慧。无论是申徒嘉与执政大臣的交往，还是叔山无趾与孔子的对话，或者王骀和哀骀它的故事，他们都以其独特的智慧和洞察力展现出了对天道的理解。

第四，超越世俗的评价。他们不被世俗的评价所左右，不因外在的缺陷而自怨自艾，反而因为内在的圆满和超越而得到了更高的评价。

通过这些人物的描述，庄子想要传达的是：真正的价值不在于外在形态，而在于内在的德性和天道的和谐统一。每个人，无论外在如何，都有自己的价值和意义，都可以过上与天道相符的生活。

大宗师：
探求智慧的真谛

　　《庄子·大宗师》，其主旨在于探讨和阐述道的哲学思想。在庄子的哲学体系中，道不仅是宇宙万物的创造者和主宰，也是人类精神修行的最高指导原则。通过对"道"的深入探讨，庄子试图揭示出一种超越物质世界的精神境界，即"真人"或"至人"的境界。

　　在《大宗师》中，庄子将道视为最值得敬仰和尊崇的"大宗师"，强调了道与人的密切关系，以及人应当如何通过修行达到与道合一的境界。庄子认为，只有真正理解并领悟了道的人，才能达到"真人"的境界，这种境界不仅仅是对生死的看法，更是一种对生命本质的深刻理解和体验。

　　庄子在《大宗师》中提出的几个核心概念包括"天人合一"的自然观、"死生一如"的人生观、"安化"的人生态度以及"相忘"的生活境界。这些概念共同构成了庄子哲学思想的核心，旨在引导人们超越世俗的纷扰，达到一种内心的平和与自由。

　　此外，《大宗师》还特别强调了"坐忘"的概念，即通过放弃自我意识和知识经验，达到与道融为一体的状态。这一过程不仅是对个人精神层面的提升，也是对生命意义的一种深刻探索。

《大宗师》通过对道的深入探讨和对"真人"境界的描绘，展现了庄子哲学思想的独特魅力。它不仅是一篇关于哲学思考的文章，更是一种引导人们探求智慧真谛、实现精神自由与解脱的生活指南。

我爱真理，我更爱真人

我们开始进入庄子的《大宗师》。何谓"大宗师"？今天我们讲"大宗师"，一般是指某个领域造诣很深的人物，是道行很高的人。那么，庄子所讲"大宗师"是什么意思呢？字面上理解是指最值得尊敬的老师，其实庄子讲的是"道"。

"大宗师"即遵循天道，与自然和宇宙合为一体，从而过上了真正逍遥自在的生活。庄子又称大宗师为"真人"。

知天之所为，知人之所为者，至矣！知天之所为者，天而生也；知人之所为者，以其知之所知，以养其知之所不知，终其天年而不中道夭者，是知之盛也。虽然，有患。夫知有所待而后当，其所待者特未定也。庸诅知吾所谓天之非人乎？所谓人之非天乎？且有真人而后有真知。（《庄子·大宗师》）

《大宗师》开篇即提出探讨的核心主题："知天"与"知人"。这也是庄子哲学的核心思想：探知人道，探寻天道。

"知天之所为，知人之所为者，至矣！"知道哪些是天然的，哪些是人为的，这就是最高的智慧了。所谓"知天"，指认识和理解宇宙或自然界的运行规律和原则，即天道。"知天"就是要看到事物的本质和宇宙的整体性。所谓"知人"，人作为宇宙的一部分，其行为、思想和情感都与天道有关。"知人"，就是要理解人性，理解人的行为背后的深层次原因。

"知天"和"知人"，其实都是在讲一种觉悟，一种智慧，这种智慧的最高境界就是"真人"，就是"大宗师"。

"知天之所为者，天而生也"，了解宇宙的本质和运行方式的人，是顺应天性而生活的。"知人之所为者，以其知之所知，以养其知之所不知，终其天年而不中道夭者，是知之盛也。"庄子说，用人所知道的养人所不知道的东西，享受天然的年寿而不至于中途夭亡，这是智者的所为。不知道的东西是什么？就是天，就是道。我们以认知的方式能学到的都是知识，不是智慧。庄子的意思是，得把知识的积累作为法门，去领悟道，而不只有知识的学习。

接着，庄子又讲："庸讵知吾所谓天之非人乎？所谓人之非天乎？"意思是：你怎么知道我在说"天然"的时候不是在说"人为"呢？你又怎么知道我在说"人为"的时候不是在讲"天然"呢？

庄子告诉我们不要二元论地去对待天和人，这两者之间的界限其实并没有那么明确，甚至可能存在一种超越常规理解的关联性。庄子这里既在说明天人之分，又在说明天人之合。

当人完全符合自然的时候，你"人为"出来的东西，它就是天然的。比如，达到浑然天成的书法家，东晋王羲之的《兰亭序》一直到今天都没人能超越，这个境界叫"无法之法"，写的时候不遵循什么，但一写出来就是大师，无人能够超越，这种无法知法的境界，就相当于天然的境界了。

　　所以，当一个人的技艺达到炉火纯青的境界，其实他就已经达到了"天"的那个层次。在《养生主》里，庖丁解牛已经到达"天然"的境界，即道的境界。

　　在《逍遥游》里我们讲过，庄子的人生终极使命是探寻天道，"知天""知人"只是探索天道的法门，若要解决问题，则要有进一步的方法。庄子给出的答案是："且有真人，而后有真知。"

　　那么，"真人"到底是些什么样的人？庄子用了几段话去描述"真人"，非常精彩。

　　何谓真人？古之真人，不逆寡，不雄成，不谟士。若然者，过而弗悔，当而不自得也。若然者，登高不栗，入水不濡，入火不热，是知之能登假于道者也若此。（《庄子·大宗师》）

　　庄子描述的"真人"是一个不被外部世界所左右、保持内心纯净的人。"不逆寡"，即不随大流，真人不会因为大众的观点而改变自己的信念；"不雄成"，表示真人不依赖强大的力量或权势来证明自己；"不谟士"，真人不会对琐碎之事而大费周章，不过分忧虑。

　　这样的人，即使犯了错误也不后悔，做了正确的事也不自鸣得意。这样的人，站在高处不会害怕，进入水中不会被打湿，走进火中也不会觉得热。这是因为他们是深知智慧，能够随道而行的人。

　　这段话描述的是"真人"的特质之一：真人于事，虚心以待。真人对待生活中的起起落落持有平和的心态，不为成功而骄傲，不因失败而后悔。他们超越了普通人的局限，像是与大自然和宇宙之"道"达成了某种和谐的状态。他们无畏、无欲，与自然为一，因此在任何情境下都能保持平和与安定。

　　古之真人，其寝不梦，其觉无忧，其食不甘，其息深深。真人之息以踵，众人之息以喉。屈服者，其嗌言若哇。其者欲深者，其天机浅。（《庄子·大宗师》）

　　"其寝不梦"，真人睡觉是不做梦的。不管是心理学还是哲学，不做梦是很有深意的，不做梦是最好的睡眠，从身心健康的角度来说，不做梦说明你的大脑没有太多的意识活动，不做梦是大脑得以休息的最好的方式。

　　真人不做梦，是因为没有过多欲望，放下执着心，所以心境十分平静，在夜里不去忧虑，没有太多的意识活动，而是达到完全放松的状态。而普通人经常做梦，像做连续剧一样，这个梦还没做完就醒了，接着又继续做梦，一剧都不落，一直到天亮。

　　"其觉无忧"，真人醒来的时候没有忧虑，真人通常都保持一直内观和修炼的状态，醒着的时候时刻觉察自己的情绪，集中精气。而普通人睁开双眼的时候，开始担忧这一天的时间要怎么度过，或是追着时间跑，成为时间的奴隶。结果一天下来，疲惫不堪。

　　"其食不甘"，真人在饮食上并不追求过度的口感享受，他们对食物的要求是简单而朴素，更注重食物的养生作用，而不是追求色香味俱全。他们吃东西清淡的就好，可能吃一些野菜也能感觉很甜美。

　　"其息深深"，这句话描述的是真人的呼吸状态。深长的呼吸意味着真人的身体和心灵都处于一个非常放松平和的状态。这种呼吸方式能帮助身体得到更好的氧气供应，也有助于情绪的稳定和身心健康。

　　在现代社会，深度冥想或者正念修习者，他们的呼吸都会特别深长，这有助于身体的放松，已经被证明是有效地减少压力的练习方式。

　　这段话描述的是"真人"的特质之二：真人于道，精气集中。真人与普通人在生活习惯和态度上的不同。真人的生活是纯净的，不被杂念和物欲所困，他们的生活方式和呼吸方式都显示出一种与众不同的平和与和谐。真人把修行完全融入了生活，随时随地都在清静无为的境界中。

而与此相反，那些过于追求感官享受的人，生命的活力和深度都会受到影响。庄子通过对比真人和普通人的生活，鼓励我们追求更高的精神境界。

古之真人，不知说生，不知恶死。其出不欣，其入不距。翛然而往，翛然而来而已矣。不忘其所始，不求其所终。受而喜之，忘而复之。是之谓不以心捐道，不以人助天，是之谓真人。（《庄子·大宗师》）

"不知说生，不知恶死"意味着真人在面对生与死时，不会因为生命的开始而感到特别的喜悦，也不会因为生命的结束而感到特别的恐惧或悲伤。这种态度反映了他们对生死看得很开，不被生死所束缚。

"其出不欣，其入不距"进一步说明了真人在生活中的态度，无论是外出还是回家，都不会表现出过度的兴奋或排斥。这表明他们对于生活的各种经历都持有一种平和、接受的态度。

"不忘其所始，不求其所终；受而喜之，忘而复之"这句话强调了真人对于生命过程的态度，他们不会过分追究生命的起源和终点，而是顺其自然地接受生命中的每一个瞬间，并从中找到快乐和满足。

这段话描绘的是"真人"的特质之三：真人于人，超脱生死。真人不被外在的事物所动摇，他们对生死看得很开，不为世间的得失、荣辱所累。他们生活在当下，对于未来的结果并不刻意追求。他们会感受生活中的快乐，但不会被它所困扰，总能迅速回到一个内心平静、与自然和谐的状态。

这种生活哲学不仅使他们的生活过得很自在，而且也是他们对于"道"和"天"的理解——不去强求，不去干预，只是与它们和谐共存。

故其好之也一，其弗好之也一。其一也一，其不一也一。其一与天为徒，其不一与人为徒，天与人不相胜也，是之谓真人。(《庄子·大宗师》)

庄子最后对"真人"作了总结。这里的"真人"代表了一种超越常人的存在，他既能与天相应，又能与人相交。与天相应意味着他的思维、行为与天道相合，达到了一种纯净的、超脱的境界；与人相交则意味着他仍然保持着人之情感与交往，没有因为达到至高境界而脱离人群。

"天与人不相胜也"表达的是这样的真人，无论是从天的角度还是人的角度，都无法超越他，因为他既理解了天的道理，也理解了人的情感。这样的真人，既不被世俗束缚，又不失人情味，达到了一种既超越又融通的境地。

所以说，"真人"可以在出世、入世之间自由切换，精神世界和物质世界和谐并存，两者互不妨碍，这就是中国哲学的最高境界"天人合一"。

那么，在中国历史上，是否真的存在这样的"真人"？这是一个开放的问题。可能有些古代的修道者、隐士或哲人在生活态度和哲学理念上，接近于庄子所描述的"真人"特质。但要完全达到庄子笔下的"真人"标准，可能是非常难得或几乎不可能的。

不过，庄子提出的"真人"概念更多的是为了引导人们追求一种超脱的人生态度和哲学智慧，而不是说一定要有实际存在的"真人"。

相濡以沫，不如相忘于江湖

"相濡以沫"在今天是一个褒义词，意思是在艰难困苦中彼此相互扶持，互帮互助，共渡难关。"相濡以沫"尤其是被用来形容夫妻恩爱，不离不弃，是一种理想的爱情观。因而，"相濡以沫"的精神价值观很符合中国儒家的传统，一直为人们所称赞。

后一句"不如相忘于江湖"就更有意思了，这一句是道家式的主张，追求一种自由洒脱的境界。所以，"相濡以沫，不如相忘于江湖"这句话，又被重新演绎为现代年轻人的自由主义价值观。

现在是一个追求个体自由的时代，对于爱情或婚姻，年轻人不会委曲求全，不会因为父母或是为了别人的评论，而去坚持一个特别不美好的爱情或者婚姻，现在的年轻人不会再去这么考虑问题。

那我们还是回到庄子的原文。"相濡以沫，不如相忘于江湖"出自庄子的《大宗师》，原文是这样的：

泉涸，鱼相与处于陆，相呴以湿，相濡以沫，不如相忘于江湖。与其誉尧而非桀也，不如两忘而化其道。（《庄子·大宗师》）

当河水干涸，鱼儿被迫在陆地上相互依赖，靠相互吐口水来湿润对方，你吐我一口，我吐你一口，以此来维持生命。

我们可以想象那个画面，特别唯美，也可以说是凄美。然而庄子说："这样的生存方式，还不如各自去找一片江湖，各自去寻找自由自在的生活并彼此遗忘对方。"

"相濡以沫"尽管精神可嘉，甚至还有些令人感动，但那并不是庄子所主张的，他认为这不符合自然，结局一定很悲惨。鱼本来就应该回归到江湖当中，去尽情享受自由自在地遨游，这才顺应天道，才是真正的活法。

所以，庄子后一句提出"不如相忘于江湖"，意思就是回到本来应该生活的地方，享受自由自在的状态和境界，这才是天道。所以其实庄子是借两条鱼的故事在讲道，庄子告诉我们"生命要符合自然，要顺应天道"，正所谓："心有天道，才有江湖之大。"

那么，在《大宗师》里，庄子讲"相濡以沫，不如相忘于江湖"，他到底想表达什么？对我们今天的生活有什么样的启发呢？

从上下文来看，庄子首先谈的是人的生死问题。庄子想给我们的第一点启发是"不要被生死所困"。

庄子说"生死命也，夜旦之常"，意思是"人的生死就像是白天与黑夜的交替一样，是一定会发生的，是不可能改变的"。所以，生死是一个人必将经历的人生阶段。

庄子接着又说："善吾生者，所以善吾死也"，意思是要正确认识生死问题，然后，最重要的是过好每一天，珍惜当下。

接着第二层含义，庄子想给予我们的第二点启发是"不要被道德所绑架"。

"与其誉尧而非桀也，不如两忘而化其道。"庄子反问说："我们为什么觉得尧就好，觉得夏桀或者商纣就坏，这个是非观念是从哪里来的呢？我们为什么一定要对立地来看问题。"在过去，人们都在赞美尧帝是圣君，而谴责夏桀或者商纣王是暴君，那么，庄子的意思是不要那么片面。

"两忘而化其道"，庄子要我们忘掉天地间的所有对立，忘掉道德上的善恶美丑的对立，忘掉生活中的种种矛盾对立。当我们把看似矛盾对立的东西，包括生死、美丑、善恶等都忘掉的时候，我们的心境就比较逍遥了，就比较自由了。这个时候，我们就更接近于"道"了。

这也是儒家和道家一个很大的区别。儒家一定要把善恶、美丑、好坏分得很清楚，这个是好人，这个是坏人，这个是对的，这个是假的，这个是善的，这个是恶的，儒家有一套严格的评价标准。现在很多学校，喜欢把学生分成好学生，坏学生，或者是优等生，差等生，这一点受儒家传统影响很大。

而道家就不会这么主张，道家认为很多东西，没有那么严格的标准，好人偶尔也会做坏事，坏人也有善良的一面。

庄子在后文中又说，"鱼相忘于江湖，人相忘于道术"。所以，"相忘于江湖"实际上是"相忘于道"，在道的视野下要忘掉一切是非对立。"相忘于道术"的意思，就是站在更高的"道"的角度看问题，我们就不会简单地去做是非对立的判断和评价。

"相濡以沫，不如相忘于江湖"被引申到现代，更多的是谈论婚姻或爱情观，这很有意思。尽管这并不是庄子的本意，但如果非要引申到情感上来讲，也是完全符合庄子思想的。

庄子一直主张"不被外物所累"，如果放到情感上来讲，他同样会主张"不要被情感所束缚"。这也是庄子给到我们的第三点启发。在情感上，庄子就是不为情所累，庄子一定不会要那种不自由的爱情。关于这一点，我们可以看看历史上著名的"鼓盆而歌"的典故。

庄子妻死，惠子吊之，庄子则方箕踞鼓盆而歌。惠子曰："与人居，长子、老、身死，不哭亦足矣，又鼓盆而歌，不亦甚乎！"

庄子曰："不然。是其始死也，我独何能无概然！察其始而本无生，非徒无生也，而本无形，非徒无形也，而本无气。杂乎芒芴之间，变而有气，气变而有形，形变而有生，今又变而之死，是相与为春秋冬夏四时行也。人且偃然寝于巨室，而我噭噭然随而哭之，自以为不通乎命，故止也。"（《庄子·至乐》）

"鼓盆而歌"是《庄子·至乐》篇中的一个故事。讲述了庄子的妻子去世后，他的好友惠子前去吊唁，却发现庄子坐在地上，一边敲打着瓦盆一边唱歌，没有表现出悲伤的感情。惠子对此感到非常生气，认为庄子对妻子的死不感到伤心，甚至用敲打瓦盆的方式来唱歌，这种行为太过分了。

很多人因为庄子在妻子死后的行为而评价他为"无情"，认为他不爱自己的妻子，这其实是对庄子的误解。我们看看庄子是如何解释的。

庄子解释说："我一开始也是非常伤心和悲痛的，但悲痛过后，我就开始思考人的生死问题。我认真思考后，我突然发现我妻子的生命本来是不存在的。我们的生命不是从有到无，而是从无到有，然后又到无。所以，我们原本都是不存在的。"

庄子继续说，"其本无形，其本无气"。因为古代人相信人的生命是清浊二气，或者说叫阴阳二气相交，然后才诞生了生命。庄子说："我的妻子犹如天地之气，来于天地之间，走的时候只是回归于天地。她的离去就是躺到一张更大的床上了。那么，这个更大的床是什么呢？那就是大自然，就是天地之间。"

庄子毕竟是哲学家，他经由妻子的离世，思考生死的问题。很多人害怕死亡，因为死亡代表着生命的消亡，而庄子往前推了一步，就是生命本来是不存在的。想通了这一点，我们就能真正做到相忘于江湖，相忘于道了。

所以，"相濡以沫，不如相忘于江湖"，庄子的本意是在讲道，庄子告诉我们："生命要符合自然，要顺应天道"。

然后庄子借着故事又告诉我们三件事：第一是不要被生死所困；第二是不要被道德所绑架；第三是不要被情感所束缚。总之，心有天道，才有江湖之大。

问道之路，勘破生死

庄子在描述"真人"的境界时，提出"古之真人，不知说生，不知恶死"，实际上是在讲真人如何超越对死亡的恐惧。《庄子》里多处提到庄子的生死观，庄子认为，问道之路，必须勘破生死关。

《大宗师》里，庄子继续通过故事来讲他的生死观。我们先来看"莫逆之交"的故事。

子祀、子舆、子犁、子来四人相与语曰："孰能以无为首，以生为脊，以死为尻；孰知死生存亡之一体者，吾与之友矣！"四人相视而笑，莫逆于心，遂相与为友。

子祀、子舆、子犁、子来，四人相与语曰："孰能以无为首，以生为脊，以死为尻，孰知生死存亡之一体者，吾与之友矣。"四人相视而笑，莫逆于心，遂相与为友。

俄而子舆有病，子祀往问之。曰："伟哉，夫造物者，将以予为此拘拘也。"曲偻发背，上有五管，颐隐于齐，肩高于顶，句赘指天，阴阳之气有沴，其心闲而无事，胼而鉴于井，曰："嗟乎！夫造物者又将以予为此拘拘也。"

子祀曰："汝恶之乎？"曰："亡，予何恶！浸假而化予之左臂以为鸡，予因以求时夜；浸假而化予之右臂以为弹，予因以求鸮炙；浸假而化予之尻以为轮，以神为马，予因以乘之，岂更驾哉！且夫得者，时也；失者，顺也。安时而处顺，哀乐不能入也，此古之所谓悬解也，而不能自解者，物有结之。且夫物不胜天久矣，吾又何恶焉！"（《庄子·大宗师》）

子祀、子舆、子犁、子来四位神仙级人物，均属子字辈。他们共同探讨：谁能以"无"为首要，以"生"为支撑，以"死"为尾端，将生死存亡视为一体，便视其为友。讲完，四个人相视而笑，内心默契，心领神会，于是就成为最好的朋友。

成语"莫逆之交"源自此，描述的是子祀、子舆、子犁、子来四人因理解生死存亡一体的道理而结成的深厚友谊。这四人的友谊超越了常人的交往，他们能够心心相印，不需言语即可心意相通。

不久，子舆就病了，子祀前去探望。子舆在病中对子祀说："伟哉，夫造物者将以予为此拘拘也。"这句话表达了子舆对于自己身体状况的感慨，认为自己的身体状况是如此奇特，以至于像是被造物者特意安排成这样。庄子接着描述了子舆的身体特征：曲偻发背，上有五管，颐隐于齐，肩高于顶，句赘指天，阴阳之气有沴。

庄子曾经以这样来描述丑人怪人支离疏，看来子舆得了一种怪病，这种病让他的身体变得奇形怪状。

子祀问道："你讨厌这样的变化吗？"子舆回答说："不，我怎么会讨厌呢！如果真的要变，那么让我的左臂变成鸡，我可以用它来报晓；让我的右臂变成弹弓，我可以用它来捕捉鸮鸟烤着吃；再让我的屁股变成车轮，以神为马，我就可以骑着它，想去哪就去哪。"

子舆这种安命的心态真的很强大，造物者代表着天道，代表着大自然的力量，既然天道要我变成这样，我就顺其自然，接受变化，不需要抱怨，因为抱怨也没有用。子舆的修行境界很高，已经把生死看成一体了。

子舆接着说："人来到世上，是时机；死的时候，也是顺应自然。"所以说，人要"安时而处顺，哀乐不能入也"，要能够安心适时而顺应变化，不要让哀乐的情绪伤害了身心。智慧的人都知道，"安时处顺"，活着的时候，把握当下，珍惜生命，好好活着，走的时候，也不纠结。

"此古之所谓悬解也，而不能自解者，物有结之。"古人所说的"悬解"，是指一种天然的、高明的见解，能够使人自然顺遂地达到解脱的状态。这种状态不是通过外力强加，而是内心的自我觉醒和超越。对于那些无法自行解脱的人来说，是因为他们心中有太多的牵挂和束缚，被外物所困。这一点在琼瑶的小说《心有千千结》中得到了体现，歌曲中的"问天何时老？问情何时绝？我心深深处，中有千千结"便是对这种内心纠结和无法解脱状态的深刻描绘。

因而，尊重天性，看淡生死，这就是顺其自然的最高境界。

俄而子来有病，喘喘然将死。其妻子环而泣之。子犁往问之，曰："叱！避！无怛化！"倚其户与之语曰："伟哉造化！又将奚以汝为？将奚以汝适？以汝为鼠肝乎？以汝为虫臂乎？"

子来曰："父母于子，东西南北，唯命之从。阴阳于人，不翅于父母。彼近吾死而我不听，我则悍矣，彼何罪焉？夫大块以载我以形，劳我以生，佚我以老，息我以死。故善吾生者，乃所以善吾死也。"（《庄子·大宗师》）

不久之后，子来生病了，呼吸急促，似乎即将死去。他的妻子哭得很厉害。子犁去看望子来，对子来的妻子说："退下！不要害怕变化！"他靠在门边对子来说："伟大的造物主啊！它又将如何对待你呢？是把你当作老鼠的肝脏，还是昆虫的翅膀呢？"

生命最好的状态，就是跟随自然的变化，心安理得，生病时就去理解病，该吃药吃药，该调理调理，没什么大不了。这就是庄子关于生病的哲学，三个字："无怛化"，"怛"就是害怕，不要害怕变化。

子来说，父母对于孩子就是天，阴阳对于人来说就是天。宇宙阴阳，决定我们的生命，犹如父母。父母的命令，我们很难抗拒。我们这个生命来自天地阴阳两气，最后还是要回归于它，这是自然规律。

子来的这一句很经典："夫大块载我以形，劳我以生，佚我以老，息我以死。"

"大块"即自然或造物主。造物主赋予我们形体，通过生活让我们经历劳苦，通过衰老让我们得到闲逸，最终通过死亡让我们得到安息。

接下来，庄子讲的另一个关于生死观的故事。

子桑户、孟子反、子琴张三人相与语，曰："孰能相与于无相与，相为于无相为；孰能登天游雾，挠挑无极，相忘以生，无所穷终！"三人相视而笑，莫逆于心，遂相与为友。

莫然有间，而子桑户死，未葬。孔子闻之，使子贡往侍事焉。或编曲，或鼓琴，相和而歌曰："嗟来桑户乎！嗟来桑户乎！而已反其真，而我犹为人猗！"子贡趋而进曰："敢问临尸而歌，礼乎？"二人相视而笑曰："是恶知礼意！"（《庄子·大宗师》）

与前面四人差不多，子桑户、孟子反与子琴张三人在一起交谈，他们互相说，谁能无心地相交，自然地相助，谁能超然于物外，遨游于无极，谁能忘却生命，没有穷尽，三人相视而笑，内心默契，于是成为"莫逆之交"。

突然有一天，子桑户因病去世，孔子派遣子贡前往协助处理丧事。到达现场时，子贡发现孟子反和子琴张二人正在编曲和弹琴，对着尸体唱歌，表达对子桑户的哀悼。子贡对此表示疑惑，询问这种做法是否合乎礼仪。孟子反和子琴张相视而笑，认为子贡不懂得礼的真正含义。

子贡回去后，把所见所闻告诉孔子，说："他们是什么人啊，实在是太不懂礼了，竟然对着好朋友的尸体歌唱，而毫无悲哀的感情，实在是太过分了。"

孔子说："他们是游于尘世之外的人，而我们是游于尘世之内的人。尘世内外不相干，而我竟然还叫你去吊唁，真是惭愧啊。他们正与造物者为伴，与天道同游，这样的人，哪里会有生死的分别呢？他们怎么会固守烦乱的世俗礼节，表演给别人看呢？"

子贡说："那么老师您遵循的是哪一方的道理呢？"

孔子说："我嘛是受了天刑的人，但即便如此，我愿与你共同寻求大道。"

子贡说："请问有什么方法吗？"

孔子说："鱼适合在水中，人应该与大道同在，对于鱼来说，挖个水池就能生存，对于人来说，内心无事自然能够安定，所以说，鱼相忘于江湖，人相忘于大道。"

同一个主题，庄子用不同的故事反复去讲，让我们开悟。庄子又讲了孟孙才的故事。

颜回问仲尼曰："孟孙才，其母死，哭泣无涕，中心不戚，居丧不哀。无是三者，以善处丧盖鲁国，固有无其实而得其名者乎？回壹怪之。"

仲尼曰："夫孟孙氏尽之矣，进于知矣，唯简之而不得，夫已有所简矣。孟孙氏不知所以生，不知所以死。不知就先，不知就后。若化为物，以待其所不知之化已乎。"（《庄子·大宗师》）

颜回对孔子说："孟孙才的母亲死了，他连眼泪都没有，心中不悲戚，居丧不哀痛。没有眼泪、悲戚、哀痛这三点，他却以很会办丧事而闻名鲁国，难道他是徒有虚名吗？"

孔子说："孟孙才做到极致了，比那些懂得丧礼的人强太多啦。丧事应该简办，但大多数人都做不到，孟孙才却做到了。孟孙才不知为什么生，为什么死，不知先生后死，还是先死后生，人死，只不过是化成另一种不知道的事物罢了。况且，化与不化就一定分得清楚吗？"

在这里，庄子依然借由孔子与颜回的对话，在讲他的生死观。如何面对死亡，是庄子关切的问题。生死问题不是人自身能控制的，何时生、何时死、生时的命运、死时的情景，等等，都不是人自身能决定的。庄子认为，人不必为死亡所困扰，自己不能决定的就交给自然造化安排就好了，关键是要善待生。

我们回到庄子的"安命论"，庄子的安命，是对已经发生的一切接受就好，不必要用因果去解释，这与佛家的因果说不同。人们总是会追问为什么这么多不幸的事情发生在自己身上，佛家思想可能为了安顿人心，才有了因果说与转世说，让人对不幸的事不要怨恨，对下一世有所期待，对此生有所感恩。

庄子的安命，是对已经发生的，坦然接受，不论因果。庄子的安命或许是更高的境界，安然接受，不问因果。我们想想，这其实很难做到的，安然接受发生的一切，包括事故、无常、亲人的离去，以及一切无法改变的不公平，或者，庄子才真的做到了不问因果，这才是真的安命。

"坐忘"究竟要忘什么

"心斋""坐忘"是庄子的发明。所谓"心斋"，在《人间世》里，庄子借孔子之口已讲过，让心斋戒，把心清空，屏蔽掉一切外来的干扰，心中没有杂念，没有成见。

那么，什么是"坐忘"呢？"坐忘"究竟要忘什么？我们先来看看庄子在《大宗师》里讲的故事。故事同样是庄子假借孔子与颜回的对话：

颜回曰："回益矣。"仲尼曰："何谓也？"曰："回忘仁义矣。"曰："可矣，犹未也。"他日复见，曰："回益矣。"曰："何谓也？"曰："回忘礼乐矣。"曰："可矣，犹未也。"他日复见，曰："回益矣。"曰："何谓也？"曰："回坐忘矣。"

仲尼蹴然曰："何谓坐忘？"颜回曰："堕肢体，黜聪明，离形去智，同于大通，此谓坐忘。"仲尼曰："同则无好也，化则无常也。而果其贤乎！丘也请从而后也。"（《庄子·大宗师》）

颜回对孔子说："我进步了。"孔子问："怎么进步了？"颜回回答说："我已经忘记了仁义。"孔子说："这样是可以的，但还不够。"后来，孔子再次见到颜回时，颜回说："我又进步了。"孔子问："这次又是怎么进步的？"颜回回答说："我已经忘记了礼乐。"孔子说："这样是可以的，但还不够。"再后来，孔子再次见到颜回时，颜回说："我又进步了。"孔子问："这次又是怎么进步的？"颜回回答说："我已经达到了坐忘的状态。"

孔子惊讶地问："什么是坐忘？"颜回解释说："堕肢体，黜聪明，离形去智，同于大通，此谓坐忘。"孔子听后说："如果与大道合一，那么就没有喜好之分；如果能够化为无形，那么就没有固定不变的状态。你确实是一位贤者啊！我愿意跟随你的脚步。"

庄子真的是风趣幽默，把道家的功夫论，通过儒家的人讲出来。在这则寓言中，颜回完全消除了世俗的牵绊，与大道合一，得到了孔子的称赞。那这里的"坐忘"，其实包括了"忘"的三个层面。

第一个层面是忘仁义

庄子所反对的仁义，是虚伪的仁义，名义上是仁义，实际上多数时候是一种道德教条。所以，第一步忘仁义，是忘掉社会塑造给你的未经反思的教条。

第二个层面是忘礼乐

礼乐就是古代的规章制度。忘礼乐，就是要忘掉世俗的规章制度。忘，并不是要违反礼乐。如果真的反礼乐，那就只能逃入深山老林，与世隔绝才能做得到。当然，后世也有逃入深山去修炼的，但那是后世道教弟子的做法，并不是庄子的思想。如何才是庄子的忘礼乐呢？就是要超越。做事，按照世俗的规章制度去做，却不将世俗的事当成自己人生的目的。

第三个层面是忘身心

《大宗师》有言："堕肢体，黜聪明，离形去知，同于大通，此谓坐忘。"这是更高的境界了，身体忘了，聪明智慧忘了，忘记身心，才能与大道相通，与天地宇宙相通，这正是"坐忘"的真谛。

当围棋技艺和棋理达到一定的高度时，棋手能够进入一种超越物质、忘我境界的状态。南朝时期的著名棋手褚思庄，他在研究围棋的居所中，就将之命名为"坐忘居"。道教典籍《坐忘论》一书进一步阐述了坐忘的概念。

在中国茶道中，"坐忘"也是一种重要的修行方法，它源自中国的茶道理念，旨在帮助茶道高手达到"至虚极，守静笃"的精神状态。这种状态不仅是一种致静的方法，也体现了一种品茶的心态。

在庄子的《齐物论》中，南郭子綦的"吾丧我"，我失去了自我，其实就是达到了形神俱忘的境界，就是庄子所说的"坐忘"的第三个层面。

忘了身体当然只是个比喻，庄子谈的是淡化身体之欲。一个有修为的人，一定是有自制力的人，包括对身体欲望的节制。

再来看《大宗师》里的一则寓言：

南伯子葵问乎女偊曰："子之年长矣，而色若孺子，何也？"曰："吾闻道矣。"南伯子葵曰："道可得学邪？"

曰："恶！恶可！子非其人也。夫卜梁倚有圣人之才而无圣人之道，我有圣人之道而无圣人之才。吾欲以教之，庶几其果为圣人乎？不然，以圣人之道告圣人之才，亦易矣。吾犹守而告之，参日而后能外天下；已外天下矣，吾又守之，七日而后能外物；已外物矣，吾又守之，九日而后能外生；已外生矣，而后能朝彻；朝彻而后能见独；见独而后能无古今；无古今而后能入于不死不生。杀生者不死，生生者不生。其为物无不将也，无不迎也，无不毁也，无不成也。其名为撄宁。撄宁也者，撄而后成者也。"

南伯子葵问女偊："你年纪很大了，面色却如孩童般，怎么回事呢？"

女偊说："因为我得道了。"

南伯子葵问："道能不能学啊？"

也许因为南伯子葵的关注点在于永葆青春之术，所以女偊回答说："不行，你不是这块料。"

接着她又说："卜梁倚这个人，有圣人之才却无圣人之道，我有圣人之道却无圣人之才。我想教他，他就一定能得道吗？不是的。不过有圣人之才的人，悟道还是更容易些。我告诉他，我得道的方法是守持心神，我守持三日后，已忘却世俗；又守持七日，已心外无物；再守持了九日，已忘却生命。忘却生命后，心境已清明洞彻，内心清明洞彻后，便能显现大道。显现大道后，便不受时间限制，达到无死无生的境界了。空明虚静之心不死，物欲成见之心不生。对于外物，任其来去，任其成毁，心总是虚静，这就叫撄宁。"

南伯子葵听后问："你说的这些是从哪来的？"

女偊说："从语言文字之中，从耳闻目见之间，从劳作歌咏之时，从幽远空旷之处，从万物开始之前。"

通过这则对话，庄子为我们呈现了得道的次第与境界。在这里，庄子发明了"撄宁"一词，所谓"撄宁"，是在纷扰复杂的现实中保持宁静的心，这是了不起的智慧。庄子的心斋坐忘，就是要把人从各种纷扰中拉出来，每天给自己一些静的时间，静能生定，定能生慧，身心一致。

那么，庄子的"坐忘"，在现代生活中到底有什么用？

首先，现代人生活在一个信息超载、纷扰多变的时代，每天的生活充满焦虑与不安，很容易被情绪带着走，一天下来，人的精神被消耗殆尽，身心疲惫。

庄子的"坐忘"，从养生的层面上可以调节人的身心灵健康，回归心灵的宁静与自由。每天短短十分钟的打坐，可以让人回归自我。

其次，现代人对于物欲的追求越来越高，对外在的名利过于在意，这也导致人们的思维方式和价值观重外不重内。

庄子的"坐忘"，从思维层面训练人们三种平衡的生活与思考：即内在与外在的平衡、自然价值与社会价值的平衡、感性思考与理性思维的平衡。

最后，现代人过于追求自我，以自我为中心，忽略了对生命意义的深层次的思考。

庄子的"坐忘"，从哲学层面告诉我们要忘我，忘掉那个小我，从生命的本质和意义出发，超载有形的肉体，追求更高的价值，突出人性中最光辉的一面，并与天道合一。

庄子的"坐忘"，是"三忘"，即忘仁义，忘礼乐，忘形体，其实就是在生活中修炼的一个过程。庄子的"忘"，不是抛弃，不是忘却，而是超越。

应帝王：
做自己的投资人

  《应帝王》是《庄子》内篇的最后一篇，旨在探讨帝王如何治理天下。

  庄子认为，治理国家应当遵循"道"的原则，即顺应自然，无为而治。在这一篇章中，庄子通过不同的故事和寓言，展现了他对于治国理念的独特见解。

  "内圣外王"之道是庄子哲学思想的核心之一，它强调个人修养与政治领导能力的统一。所谓"内圣"，指的是内在的精神修养和道德提升，达到一种超越世俗的精神境界；而"外王"则是指在外在的政治实践中，能够以德治国，施行王道，实现社会的和谐与秩序。庄子认为，真正的王者不仅要有高尚的道德修养，还要有明智的政治智慧，能够在不违背自然法则的前提下，引导人民走向和谐的生活。

  在《应帝王》中，庄子通过啮缺问于王倪、肩吾见狂接舆等故事，批判了有为的政治做法，提倡无为而治的理念。他认为，治理国家不应过度干预民众的生活，而是应该让万物顺其自然发展。这种思想反映了庄子对当时社会政治状况的深刻反思和批判。

《应帝王》不仅是庄子哲学思想的集中体现，也是其"内圣外王"之道的具体应用。通过对帝王治理天下的讨论，庄子传达了一种理想的政治理念：即通过内在的道德修养和外在的无为而治，实现个人与国家的和谐共生。这一理念不仅对后世产生了深远的影响，也为现代人提供了关于如何处理个人与社会关系的重要启示。

"内圣外王"之道

《应帝王》是《庄子》内篇的收官之作，与《大宗师》算是姐妹篇，合称"内圣外王"之道。

"内圣外王"一词最早出自《庄子》，后来被儒家拿过去，被儒家奉为理想人格与实现王道政治的经世学说。但庄子的本意与儒家后来所演绎的版本并不完全一样，我们先来看庄子在《天下》篇里的原文：

> 是故内圣外王之道，暗而不明，郁而不发，天下之人各为所欲焉以自为方。（《庄子·天下》）

庄子的"内圣"是一种独与天地相往来的逍遥游境界，达到一种道德与智慧的高度，内心充满了宁静、洞察和对道的领悟。庄子认为，一个人的内在修养是最为根本的，只有内心达到了一种圣人的境界，才能真正理解世界。而"外王"则是万物齐一，融入万物，与万物和谐共存的境界。庄子认为，只有当人能够超越自我，与自然和社会融为一体时，才能真正实现"外王"的理想。

儒家对庄子提出的"内圣外王"理念极为推崇，认为其与儒家传统主张相得益彰，因此将其融入儒家思想体系中，逐渐发展出新的理论内容。在儒家看来，"内圣"涵盖了格物、致知、诚意、正心、修身等方面，旨在培养内在的圣人德性；而"外王"则关注于齐家、治国、平天下的实践，体现于对外施政的王者风范。因此，儒家将"内圣"视为具备圣人德性的内在修养，而"外王"则是实现王者政治理想的外在行动。自北宋时期开始，"内圣外王"便成为儒家追求的道德理想和建功立业的最高标准。

　　尽管庄子最早提出"内圣外王"的思想，但对于人间帝王，庄子其实是有个基本态度的，那就是"能不干就不干"，为什么？在庄子看来，帝王、君王是人世间最不自由、最不逍遥的职业。

　　道家的圣人，始终站在天道的高度去俯视人道，他们看儒家所推崇的圣王尧舜，就跟人类看蜂王、蚁王的感觉差不多，因为维度不同、视角不同，儒道两家看待帝王的方式是截然不同的。在《大宗师》里，庄子说"与其誉尧而非桀也，不如两忘而化其道"，如果是站在儒家的角度，一个是圣王，一个是暴君，怎么能一样呢？但道家站在天道的视角，则是"两忘而化其道"，这就像我们人类不会去评价哪个蜂王好，哪个蚁王差，是同一个道理。

　　《道德经》第五章说："天地不仁，以万物为刍狗；圣人不仁，以百姓为刍狗"。通俗点说，就是天地和圣人看待万物、看待百姓是一样的，不对谁特别好，也不对谁特别坏，一切顺其自然发展，老子同样是站在天道的维度和视角看人道。

　　所以，在庄子看来，寄身于人道的"大宗师"即真人，在实在不得已的情况下，也可以去人间当帝王。这就是应世情而为帝王，所以叫"应帝王"。

　　而鲜为人知的是，庄子写下这篇《应帝王》，有着极其厚重的历史大背景，这个大背景就是上古"明王时代"，以及由明王所治理的天下，称为"明王之治"。

从上古史来看，确实存在一个"真人"和"人王"合一的时代，即所谓"明王时代"。所以，庄子所提出的"内圣外王"，其实最初旨在描绘这样一个时代。这个时代的下限在轩辕黄帝之前，而其上限因为时间久远，已经很难确定了。

《庄子·胠箧》一文提到了容成氏、大庭氏、伯皇氏等十二位上古时代的明王，其中包括我们熟悉的伏羲氏、神农氏。这些人物属于"明王时代"的末期，而在此之前，还有许多其他的明王，但关于他们的信息我们知之甚少。

这些上古时代的"明王"，正是老子在《道德经》里多次提到的"圣人"，也是庄子《大宗师》里提到的"真人"。在道家老子、庄子看来，"明王时代"是人类社会的黄金时期，即所谓"至德之世"。这就很像柏拉图的《理想国》所描绘的，由一位哲人所来治理国家的理想城邦。

那么，明王时代到底是什么样的？这个时代的风貌，《胠箧》随后引用了《道德经》第八十章：

当是时也，民结绳而用之，甘其食，美其服，乐其俗，安其居，邻国相望，鸡狗之音相闻，民至老死而不相往来。(《道德经》)

结论则是"若此之时，则至治已"。你或许会提出疑问：这样的时代，凭什么称为"至治"？物质文明极度不发达的远古社会，又能有多完美呢？

答案，其实就在上面这段话里。

我们单看"甘其食，美其服，乐其俗，安其居"这十二个字，乍一看好像没什么，可是认真研读，你会发现其实真的是简单却又不容易做到。

一个人，有什么就享受什么，是什么就爱什么，就是庄子所说的"安时而处顺"，这是何等高的精神境界？注意"甘""美""乐""安"这些字眼，他们可不是过着苦日子，没办法只能忍受，而是真满足，真快乐！

试问现代人有几个能做到的？前面全加个"不"字，"不甘其食，不美其服，不乐其俗，不安其居"，这十六个字或许才是我们今天的常态。这就是为什么在物质极度丰富、信息高度发达的现代社会，人们的幸福感不升反降的原因，因为人们变得越来越不容易满足，人与人之间的关系不是近了，而是更远了。

另外一句话叫"邻国相望，鸡狗之音相闻，民至老死而不相往来"，那时国与国之间，相安无事，没有战争或纷争，百姓安居乐业，人类社会走到今天，终于明白，没有战乱的时代是多少幸福。

所以，大家想象一下，一个遍地都是"甘其食，美其服，乐其俗，安其居"的时代，又没有战乱和纷争，不是"至德之世"是什么呢？

然而，一来时间久远，二来没有文字史料，"明王时代"历来只被当成神话传说看待，所以到司马迁写《史记》的时候，也只能从轩辕黄帝为首的五帝写起。

而五帝时代，属于"明王时代"的回光返照，所以《庄子·在宥》一文说：

昔者黄帝始以仁义撄人之心，尧舜于是乎股无胈，胫无毛，以养天下之形，愁其五藏以为仁义，矜其血气以规法度。然犹有不胜也。

在道家庄子及其门人看来，黄帝、尧、舜虽为天下奔波、操劳，但正是他们敲响了"至德之世"的丧钟。此后，经历了夏、商、周三代，再到春秋战国时期，社会风气日益衰败，社会动荡不安，民众生活困苦不堪。

这下我们就能理解，为何庄子和老子不谋而合，都希望回到上古时代，那个明王治理下的"至德之世"了。

所以，前面所讲的上古"明王时代"，正是庄子写下《应帝王》的历史背景，如果不了解这些背景，看《应帝王》就会觉得很空洞。

在《应帝王》里，庄子所表达的是在他心目中上古明王们应有的风范。文中没有涉及任何具体的治理天下的方略，而是聚焦于帝王的个人修养，"内圣"是体，"外王"为用。

几千年来，中国的传统文化长河里，儒、释、道汇流，你中有我，我中有你，受此影响，中国的知识分子也具有多重人格，南怀瑾先生说：儒为表，道为骨，佛为心，的确概括了中国文化这一特征。梁启超一言以蔽之：儒家哲学，其学问最高目的，可以《庄子》"内圣外王"一语括之，儒家千言万语，各种法门，都不外归结到这一点。

在中国历史上，"内圣外王"的典型代表是王阳明。王阳明从小就立志当圣人，13 岁时被父母送到京城私塾读书，他问老师："什么事是做人头等大事？"老师回答："当然是读书做官。"王阳明竟然摇摇头说："非也，做人第一等大事是做圣贤。"

37 岁时，历经人生至暗时刻的王阳明在贵州龙场悟道了。他悟出了"圣人之道，吾性自足，不假外求"，每个人内心都具备了成为圣人的潜质和智慧，这种智慧不是从外界获取的，而是源自个人的内心。

王阳明融合了儒释道三家思想，独创了心学体系，首先是提出"致良知"。什么是"致良知"？王阳明认为，每个人内心都有良知，这是人的本性。他强调通过自我修炼和实践来发现和实现内心的良知，从而达到"内圣"的境界。

随后，王阳明又提出"知行合一"，他认为真正的知识必须通过实践来验证和完善，这一点在哲学上具有划时代的意义。通过将知识转化为行动，王阳明实现了从理论到实践的转化，体现了"外王"的实践。

所以，"致良知"还有"知行合一"两者合起来，践行了庄子所提出的"内圣外王"之道。最终，王阳明成为一代圣人。

表面上看，《应帝王》似乎是在讲如何治理天下的问题，但放到今天，对于我们大多数人来说是没有机会去管理天下的，那么，我们今天读《应帝王》有何意义呢？

当我们在读《应帝王》，探讨"内圣外王"之道时，我们的视角可以开始从大到小，由外而内一步步推进。我们不要忘记还有一个更大的系统，那就是我们每一个人漫长的一生，我们要学会去管理自己与修炼自己，这是人生最大的投资。

今天，西方管理学谈领导力，有关领导力的著作、理论与实践的知识非常多。两千多年前，庄子只用四个字就讲清楚了，那就是"内圣外王"。具备领导力、影响力的人，基本上都有一个强大的精神内核，内心足够强大，对外部事物的变化也就能应付自如。

"内圣"并非要求你一定要成为圣人，而是强调个人内心修养的重要性；而"外王"则不局限于成为帝王或领导者，更重要的是具备领导力和影响力。

最后，请记住，管理好自己远比管理好天下更重要。其实，每一个人都应该成为自己的帝王。

领导者常犯的四种错误

《应帝王》开篇，庄子一连讲了五个寓言，乍看上去，彼此似乎没有什么关联，这也是庄子文章的常见现象。事实上，几个寓言都在讲帝王，或用今天的话来讲，领导者最容易犯的几个错误。

我们先来看第一个寓言，叫"四问四不知"。

> 啮缺问于王倪，四问而四不知。啮缺因跃而大喜，行以告蒲衣子。蒲衣子曰："而乃今知之乎？有虞氏不及泰氏。有虞氏其犹藏仁以要人，亦得人矣，而未始出于非人。泰氏其卧徐徐，其觉于于。一以己为马，一以己为牛。其知情信，其德甚真，而未始入于非人。"（《庄子·应帝王》）

庄子在《齐物论》中有"三问三不知"的寓言，同样是啮缺问王倪。王倪是啮缺的老师，也是道家的高人。在这里，啮缺一连问了王倪四个问题，王倪一个问题都没有回答，啮缺具体问了什么问题，庄子在这里直接省略掉，因为问题本身并不重要。

啮缺自以为把老师王倪问倒了，就高兴得不得了，于是跑去告诉蒲衣子。蒲衣子，一位传说中的上古贤人，被尊为舜帝的老师。他因其常年身着由蒲草编织的粗服而得名"蒲衣子"。据古籍记载，蒲衣子不仅担任过舜帝的导师，尧帝还向他请教关于治国之道。

然而，蒲衣子却跟啮缺说了些貌似不相干的话，他问道："你明白有虞氏不如泰氏吗？"在这里，有虞氏指的是舜帝，而泰氏则是指伏羲氏。蒲衣子指出，舜帝以仁爱之心治理国家，虽然赢得了民心，但却未能保持人心的纯朴。

而泰氏则不一样，他起居坐卧，从容不迫。"一以己为马，一以己为牛"，其实是在讲一种"无我"的境界。南怀瑾先生说："无我到什么程度？你说我是马就是马，你说我是牛就是牛。没有关系，名字只是一个代称。"所以，泰氏不给自己下任何定义，思想、品德都纯真无邪，保持着"无我"的状态。

那么，这里作为老师的蒲衣子，是十分了解自己的学生有虞氏，也就是舜帝，由老师来评价自己的学生是很恰当的。尽管在儒家看来，舜帝已经十分完美了，可以说是难得的圣王，但在蒲衣子眼中，还远远比不上泰氏。

那么，泰氏即伏羲氏又是什么人呢？相传，伏羲是中华民族的人文先祖，是历史上"三皇五帝"之首。相传八卦是他创立的，在《周易》等书籍中记载着很多关于伏羲氏的传说。

回到"四问四不知"的寓言，庄子是借蒲衣子之口来讲"帝王之道"。舜帝心藏仁爱以笼络人，也确实得到了人心，但却为名所累，境界远远不及伏羲氏。伏羲氏只求实、不图名，睡觉时安闲舒缓，醒着时逍遥自在，任人把自己称为马，任人把自己称为牛，他的智慧和德性是真实可信的，所以庄子说"有虞氏不及泰氏"，至于啮缺这样自我炫耀，就更是不值一提了。

庄子讲了第二个寓言，肩吾见狂接舆。

> 肩吾见狂接舆。狂接舆曰："日中始何以语女？"肩吾曰："告我：君人者以己出经式义度，人孰敢不听而化诸！"狂接舆曰："是欺德也。其于治天下也，犹涉海凿河而使蚊负山也。夫圣人之治也，治外乎？正而后行，确乎能其事者而已矣。且鸟高飞以避矰弋之害，鼷鼠深穴乎神丘之下以避熏凿之患，而曾二虫之无知？"（《庄子·应帝王》）

这个寓言出现了三个人物，狂接舆就是《人间世》当中的楚狂接舆，肩吾和日中始是庄子虚构的人物，在这里，日中始是肩吾的老师。

肩吾去见狂人接舆。狂接舆询问肩吾说："你的老师日中始对你说了些什么？"肩吾回答说："他告诉我，君主只要凭借自己的意志来制定法度，这样谁敢不听从呢？"接舆反驳说："这种做法是欺骗人的。以这种方式来治理天下，就像越过大海开凿河道，让蚊虫背负大山一样，注定要失败的。正确的治理方式应该是先端正好自己，然后才能治理他人。这需要端正自己的行为，顺应本性去感化他人，并根据个人的能力安排适合的岗位。"

接舆接着说："鸟都知道飞得高高的，来躲避弓箭的伤害，鼹鼠还知道在神庙下面打洞来避免烟熏和挖掘的危险，你以为小鸟小虫很无知吗？"

庄子通过楚狂接舆的故事，向帝王们传达了一个深刻的道理：治理国家不应仅仅依赖于智谋和手段。正如俗语所说，"上有政策，下有对策"，即便是再高明的策略和手段，老百姓也能够找到应对之法。这不仅说明了人的智慧和能力，也反映了在权力与智慧的较量中，简单直接的方法往往更有效。

《道德经》第五十七章有言："法令滋彰，盗贼多有。"意思是法令越多，强盗反而也越多，且法制太死，与人情人性就越容易产生矛盾。

第三个寓言，讲天根遇到无名人，请教他如何治理天下。

天根游于殷阳，至蓼水之上，适遭无名人而问焉，曰："请问为天下。"无名人曰："去！汝鄙人也，何问之不豫也！予方将与造物者为人，厌则又乘夫莽眇之鸟，以出六极之外，而游无何有之乡，以处圹埌之野。汝又何帛以治天下感予之心为？"又复问，无名人曰："汝游心于淡，合气于漠，顺物自然而无容私焉，而天下治矣。"（《庄子·应帝王》）

天根与无名人，同样是庄子虚构出来的人物。天根，代表着帝王或统治者，无名人，代表着道者或修道之人。

天根出去游玩，恰巧遇到无名人，请教他说："我要如何治理天下呢？"

无名人说："快走开，不要问我这种不愉快的问题。"此时无名人正在游于"无何有之乡"，即广阔无垠的原野，与造物者同游，对突如其来的问题感到很无奈。

不过天根还是很坚持，在天根的一再追问下，无名人才告诉他说："只需保持一颗平和、开放的心，顺应自然的规律，不夹带任何私心杂念，天下便能和谐有序。"

庄子通过无名人的口述，强调了帝王治理国家时应持有的心态：保持内心的恬淡与开放，遵循自然规律，不被私欲所扰，从而达到"无为而治"的境界。这种思想不仅是对治国理念的阐述，也是对个人生活态度的指导。

第四个寓言，出场的人物是阳子居和老聃。

阳子居见老聃，曰："有人于此，向疾强梁，物彻疏明，学道不倦，如是者，可比明王乎？"老聃曰："是於圣人也，胥易技系，劳形怵心者也。且也虎豹之文来田，猨狙之便执斄之狗来藉。如是者，可比明王乎？"阳子居蹴然曰："敢问明王之治。"老聃曰："明王之治：功盖天下而似不自己，化贷万物而民弗恃。有莫举名，使物自喜。立乎不测，而游于无有者也。"（《庄子·应帝王》）

老聃就是老子，阳子居就是杨朱，杨朱是老庄之外赫赫有名的道家人物。

阳子居见到老子说："这里有一个人，行动敏捷而坚强，对万物的理解透彻而清晰，学习大道而不知疲倦。像这样的人，可以与明王相比吗？"

老子回答说："这个人就像小吏或工匠一样，被一点小才能束缚住了，结果把自己搞得身心疲惫。虎豹因为美丽的花纹而招来围猎，灵巧的猕猴和善抓狐狸的狗，因为它们的技能而遭到拘缚，这样的人，怎么能拿来和明王相比较呢？"

注意，这里"明王"出现了，话题重大，怪不得要安排两位道家大师同时出场。接着，阳子居惭愧地说："那请问明王是如何治理天下的呢？"

老子说："明王为天下人谋求福利，却从不归功于自己，也不被老百姓所依赖。"这就叫"有莫举名，使物自喜"，这八个字，类似于《道德经》第十七章说的"功成事遂，百姓皆谓：我自然"。

在这个寓言中，庄子借老子之口说，帝王不要自恃才智，更不要事必躬亲，让老百姓学会自我管理，帝王只要顺势而为就行了。这暗合了《道德经》第五十七章所言："我无为而民自化，我好静而民自正，我无事而民自富，我无欲而民自朴。"庄子认为，圣王是要以出世之心做入世之事。

接着，庄子对这几个寓言的主旨做了一个小总结：

无为名尸，无为谋府，无为事任，无为知主。体尽无穷，而游无朕。尽其所受乎天而无见得，亦虚而已。至人之用心若镜，不将不逆，应而不藏，故能胜物而不伤。（《庄子·应帝王》）

这段话不容易读懂，其实正是对前面四个寓言的主旨概括，主要说的是帝王最容易犯的四种错误，分别是"名尸""谋府""事任""知主"。

你内心藏着什么东西，就会被什么东西限制住。比如心里想着名，就会有一颗追求名的心；心里藏着事儿，就会有一颗追求利的心。作为君主，最容易犯的错误就是"以谋求名""以知任事"，用智谋策略求一个千古美名，仰仗着高人一等的智谋行独断专行之事。这叫作"无为名尸，无为谋府，无为事任，无为知主"。

庄子认为，人们应当忘记名和事，摒弃智谋和知识。在面对世界时，不应有任何心机，而应深入体会那无穷的大道，自由地游走在天地之间，不留任何痕迹。顺应自然的本性，不自我标榜，达到"体尽无穷，而游无朕。尽其所受乎天而无见得"的境界，便是达到了真正的空明心境——"亦虚而已！"

这四个寓言揭示了《应帝王》的主旨：无为而治，主张帝王要"用心若镜"。庄子在老子"无为"思想的基础上，发展出"内圣外王"的思想，可以说是对道家处世修身哲学的重要发展。

季咸四相壶子

《应帝王》第五个寓言故事，季咸四相壶子，非常有意思。庄子有点像写小说，故事性很强。

郑有神巫曰季咸，知人之死生、存亡、祸福、寿夭，期以岁月旬日，若神。郑人见之，皆弃而走。列子见之而心醉，归，以告壶子，曰："始吾以夫子之道为至矣，则又有至焉者矣。"

壶子曰："吾与汝既其文，未既其实，而固得道与？众雌而无雄，而又奚卵焉！而以道与世亢，必信，夫故使人得而相汝。尝试与来，以

予示之。"(《庄子·应帝王》)

我们先介绍下这则寓言里的人物。首先是列子，列子是战国时期道家学派的代表人物，在《逍遥游》里就出现过列子，他有一种功夫叫"御风而行"。

壶子是列子的老师，那肯定就是修行更高的人物。季咸是算命的巫师，在历史上有多部史册记载了他的故事，应该是真实存在的历史人物。巫师的形象第一次正式出现，在楚地文化中，巫术盛行，其实庄子在《德充符》里写了许多丑人怪人，也是取材于巫师的形象。

回到寓言，话说郑国有位神巫名叫季咸，相面极准，别人见了他都躲着走。列子对他佩服不已，就跑去告诉老师壶子说："季咸很厉害，比老师您还厉害。"

壶子就骂列子说："你只跟我学了一点皮毛，就以为自己得道了吗？你凭这点道行在世间招摇，才使得别人能相你的面。不信的话你把季咸找来，给我相面试试？"

明日，列子与之见壶子。出而谓列子曰："嘻！子之先生死矣！弗活矣！不以旬数矣！吾见怪焉，见湿灰焉。"列子入，泣涕沾襟以告壶子。壶子曰："乡吾示之以地文，萌乎不震不正，是殆见吾杜德机也。尝又与来。"(《庄子·应帝王》)

第二天，列子真的带着季咸来见壶子，见完之后季咸出来告诉列子说："唉，麻烦了，你的老师快死了，活不过十天，我看到他脸色如死灰一般。"

第三天，在《齐物论》开篇，庄子讲了南郭子綦"吾丧我"的状态，是一种"槁木死灰"的样子，感觉就像要死了，所以他的弟子见了很害怕。

列子听到这话之后很伤心，哭着去告知壶子这个"噩耗"。壶子说："我刚才给他看的是地文之相，以静为主，把生机藏起来了，你明天再带他来给我看看。"

明日，又与之见壶子。出而谓列子曰："幸矣！子之先生遇我也，有瘳矣！全然有生矣！吾见其杜权矣！"列子入，以告壶子。壶子曰："乡吾示之以天壤，名实不入，而机发于踵。是殆见吾善者机也。尝又与来。"（《庄子·应帝王》）

第三天，列子再次邀请季咸来看壶子，季咸出来后笑着告诉列子说："幸亏遇到了我，你的老师有救了！完全恢复了生机！我看到了他的变化了。"

季咸走后，列子如实告诉壶子。壶子笑着说："刚才我给他展示的是天地之气，以动为主，所以显示有了生机，你明天再带他来看看吧。"

壶子果真是高人，想隐藏生机的时候就隐藏，想展现生机的时候就完全展现，可以极好地控制自己的状态，以至于季咸还以为是自己的功劳。

明日，又与之见壶子。出而谓列子曰："子之先生不齐，吾无得而相焉。试齐，且复相之。"列子入，以告壶子。壶子曰："吾乡示之以太冲莫胜，是殆见吾衡气机也。鲵桓之审为渊，止水之审为渊，流水之审为渊。渊有九名，此处三焉。尝又与来。"（《庄子·应帝王》）

第四天，列子再次邀请季咸见壶子，季咸出来后告诉列子："你的老师现在心神不宁，无法进行相面，等他情绪稳定后再来吧。"

季咸走后，壶子对列子说："我刚才展示的是一个无迹可寻的太虚境界，因为动静达到了平衡，所以他什么也看不出来。"接着壶子说："深渊有九种不同的相貌，我只展示了其中三种，还有很多未展示的，你可以再次带他来。"

至此，列子已经有点被老师震惊到了，原来老师才是真正的高人。

明日，又与之见壶子。立未定，自失而走。壶子曰："追之！"列子追之不及。反，以报壶子曰："已灭矣，已失矣，吾弗及已。"壶子曰："乡吾示之以未始出吾宗。吾与之虚而委蛇，不知其谁何，因以为弟靡，因以为波流，故逃也。"然后列子自以为未始学而归。三年不出，为其妻爨，食豕如食人，于事无与亲。雕琢复朴，块然独以其形立。纷而封哉，一以是终。（《庄子·应帝王》）

列子第四次邀请季咸，但这次季咸一见到壶子，还没站稳就慌忙逃离，壶子让列子追出去，然而，季咸已经消失得无影无踪了。

壶子告诉列子说："我刚才展示的是万象俱空的境界，我和他随顺而变，他捉摸不定，他无所适从，所以惊吓着逃走了。"

这一次，列子大受刺激，觉得自己跟随老师这些年啥也没学到，于是他回到家里，三年不出门，给老婆做饭，喂猪像伺候人一样，对任何事都不起分别心，就这样雕琢复朴，终其天年。这无疑是庄子寓言里最戏剧化的一个，有道是"强中更有强中手"！

可问题是，壶子、列子、季咸照理说都属于江湖人士，跟帝王也扯不上关系呀，那这个寓言放在《应帝王》里，庄子到底想表达什么呢？

我们知道，作为帝王，除了像前面说的"名尸""谋府""事任""知主"这些常见问题外，还有一个最致命的问题，就是壶子跟列子说的——

"使人得而相汝"。

"楚王好细腰，宫中多饿死"，只要你有好恶，就会给别人投其所好的机会，你的好恶就是你的弱点，让别人可以算计你、利用你、操控你。所以作为帝王，作为领导，就要像壶子一样，不给任何人相你面的机会。

最后，庄子总结道："至人之用心若镜，不将不逆，应而不藏，故能胜物而不伤。"意思是达到了最高境界的人，他们的内心像一面镜子一样，既不会主动去推动事物的发展，也不会逆着事物的自然趋势去行动。他们对事物的反应是直接而透明的，不会隐藏自己的态度或情感。正是因为这种不加干预、顺应自然的态度，他们能够在与外界事物的互动中取得胜利，但又不会对自己或他人造成伤害。

"用心若镜"也是庄子对于理想政治领导者的一种描述。在庄子看来，理想的领导者应该具备如明镜般的心性，能够公正无私地处理国事，不受个人情感的影响，从而达到治国的最高境界。

庄子透过"季咸四相壶子"的故事，表达了其神巫也难以认识事物的多种变化，治理天下应当顺应自然，不应过度干预，而是要"无为而治"的思想。壶子通过四次示相，向列子展示了不同的人生态度和境界，从而引导列子走向个体人格的饱满状态，这也是庄子哲学中的自我转化与个体人格的体现。

浑　沌　之　死

《应帝王》的最后，庄子写了一个"浑沌凿窍"的寓言，像是对这一篇的一个概括和总结。浑沌是被"好心"凿死的天才，浑沌即混沌，原本是指宇宙最初的状态,庄子却让它站立起来,变成一个活生生的人,故事幽默,寓意深刻。

南海之帝为儵,北海之帝为忽,中央之帝为浑沌。儵与忽时相与遇于浑沌之地,浑沌待之甚善。儵与忽谋报浑沌之德,曰:"人皆有七窍以视听食息,此独无有,尝试凿之。"日凿一窍,七日而浑沌死。(《庄子·应帝王》)

故事中,南海之帝为儵,北海之帝为忽,中央之帝为浑沌。儵与忽在浑沌之地相遇,浑沌对他们非常友好。为了报答浑沌的好意,儵与忽决定为浑沌开凿七窍,因为人皆有七窍以视听食息,而唯独浑沌没有。他们每天凿一窍,七天后浑沌死去。

这个寓言非常之妙!我们先看那两个冒失鬼的名字,一个叫"儵",一个叫"忽",都有反应敏捷的意思,代表着工具性、目的性、对象性的存在,他们以自己的尺子为标准,将浑沌作为他们改造的对象,最后,好心办了坏事,破坏了自然,扼杀了浑沌的天性。

从治国的角度看,儵和忽的行为属于"有为",这里其实是"妄为",是根据自己的意愿和标准,去做过多的干预,尽管初衷是好的,结果却是坏的。《道德经》第六十章有言"治大国若烹小鲜",治理大的国家就像煎小鱼一样,不能翻来覆去,否则,小鱼就会被翻烂的。

"日凿一窍,七日而浑沌死",隐喻着为政者今日设一法,明日立一政,烦扰的政举过多地打扰了人民的生活,这是庄子对战国时代"有为之政"给百姓带来巨大痛苦的深刻反思。

我们总结一下《应帝王》。全篇由六个寓言故事组成,寄托了庄子"无为而治"的政治主张。

第一个寓言"四问四不知"

通过啮缺向王倪提出四个问题而得到四个"不知道"的回答,寓言揭示了知识的相对性和认知的局限性。故事还体现了庄子对于统治者的告诫,即统治者应当超越界限,以"无为"和"无私"作为执政标准,避免功利目的,以保证国家和社会的长治久安。

第二个寓言"肩吾见狂接舆"

通过肩吾与狂接舆之间的对话,展现了庄子对于治国理念的深刻思考。肩吾询问日中始要如何治理天下,日中始认为君主应当以自己的意志和法度来引导人民,这样谁敢不听从而被教化呢?然而,狂接舆对此表示反对,认为这种做法是欺骗德性,治理天下不应该仅仅依赖于外在的强制和规定,而应该追求内在的自然和谐与无为而治。

第三个寓言"天根问无名人"

天根向无名人请教治理天下的方法,但无名人却以轻蔑的态度回应,认为天根的问题不值一问,并告诉他应该追求与造物者同在,顺应自然的生活方式。故事还反映了庄子对于统治者应有的态度和行为的期望,即统治者应该保持恬淡、开放的心态,不应陷入琐碎的事务中。

第四个寓言"阳子居见老聃"

通过阳子居与老聃的对话,探讨了"明王之治"的本质。故事中,阳子居询问老聃什么样的人可以比作明王,而老聃的回答指向了明王治理国家的几个关键特质:不居功自傲、让万物各得其所而自立,以及无为而治。

具体来说，真正的圣明之王应当做到"功盖天下而似不自己，化贷万物而民弗恃"，这意味着他们不会因为自己的成就而自满，而是让万物自然发展，人民自我管理。此外，故事还强调了"有莫举名，使物自喜"和"立乎不测，而游于无有"的理念，即在治理国家时，应该避免过度干预，让万事万物按照自然规律自行发展。

第五个寓言"季咸四相壶子"

通过季咸的四次示相，壶子展示了即使是神巫也无法完全掌握事物的变化，从而强调了认识事物的多样性和复杂性，以及在处理事务时保持开放和灵活的重要性。

"季咸四相壶子"的故事通过季咸的失败和壶子的成功，传达了庄子关于"无为而治""顺应自然"以及"认识事物的多样性"的核心哲学思想。这不仅是对治国理念的阐述，也是对个人如何认识世界和自我修养的指导。

第六个寓言"浑沌之死"

庄子对人生境界的要求是从"无为"达到"无不为"。对于复杂的生态系统，庄子的态度是积极地、主动不干预地、有意识地让事情自然发生，以达到生态自我平衡的目的。

总之，庄子在《应帝王》中提出的核心思想是，每个人都应当成为自己生命的"帝王"，拥有自我主宰的能力。他反对任何形式的外在统治和束缚，主张人们应依据自己的自然性、自由性和自主性来生活。

庄子的生命哲学超越了传统的道德伦理框架，从宇宙和道的角度出发，探索生命的价值。通过提倡"无为"和"逍遥"，他鼓励人们追求精神上的绝对自由，摆脱一切外界的束缚，实现内心的真正自由。这种自信源于对生命意义的深刻理解和对自然法则的顺应，而非物质财富或社会地位。

所以，从某种程度上说，"应帝王"讲的是真正的"帝王"应该拥有的一种人生自信和人生态度。

尾篇：
与庄子同游天地

与庄子同游天地，是一次穿越时空的哲学之旅。

庄子，这位战国时期的哲学家，以其深邃的思想和独特的世界观，成为中国乃至世界文化宝库中的瑰宝。本篇将通过"濠梁之辩"、孔子与老子的三次对话，以及庄子哲学对中国文化的影响等三个方面，深入探讨庄子的思想及其价值。

"濠梁之辩"是庄子哲学思想的一个重要体现。在这一场辩论中，庄子与惠子围绕着"鱼是否快乐"的问题展开了讨论。人能否知道鱼的快乐？这是一个有趣的问题。庄子的思考，不仅挑战了传统的认知方式，也为后世提供了重新审视人与自然关系的新视角。

孔子与老子的三次"人天对话"，核心是关于"道"的探讨。孔子向老子请教关于"道"的问题，老子强调"道"在于自己的内心，人必须摆脱功名利禄的困扰，顺应天地的规律，才能接近"道"，并指出"道"是万物的主宰，深不可测。这三次对话也为后来的学术研究和思想探索提供了重要的参考。

庄子哲学对中国文化的影响是深远和持久的。庄子的思想不仅影响了中国的哲学、文学、艺术等领域，还对个人的生活哲学产生了深刻的影响。同时，庄子对于生命、宇宙的独特见解，也激发了无数文人墨客的创作灵感，成为中国文化中不可或缺的一部分。

总之，与庄子同游天地，不仅是对一个伟大哲学家思想的学习，更是一次心灵的洗礼和智慧的启迪。庄子的哲学思想，如同一盏明灯，照亮了人类探索真理的道路，其影响力远远超越了时间和空间的限制。

濠梁之辩，庄子到底想说什么

流传千年的经典故事"子非鱼，安知鱼之乐"，出自历史上著名的"濠梁之辩"，辩论的主角是庄子和惠子。

庄子与惠子游于濠梁之上。

庄子曰："鲦鱼出游从容，是鱼之乐也。"

惠子曰："子非鱼，安知鱼之乐？"

庄子曰："子非我，安知我不知鱼之乐？"

惠子曰："我非子，固不知子矣；子固非鱼也，子之不知鱼之乐，全矣！"

庄子曰："请循其本。子曰'汝安知鱼乐'云者，既已知吾知之而问我，我知之濠上也。"（《庄子·秋水》）

这段话来自《庄子·秋水》篇。濠梁，即濠水的桥上。濠，是濠河，是安徽淮河的支流，也是庄子生活的地方。我们先一起来看看这场跨越两千年的辩论。

　　有一天，庄子和好朋友惠子出游，走在濠水的一座桥上。庄子看到桥下河水里的鲦鱼正从容自在地游着，忍不住感叹了一声说："这鱼真的很快乐啊。"

　　这本来很正常，朋友之间出去游玩，常常会惊叹于大自然之美，欣赏各种鱼虫鸟兽。但这时惠子就来事了，他突然反问了一句："你又不是鱼，你怎么知道鱼是快乐的呢？"

　　那庄子是什么人？庄子是大哲学家，怎么可能就这样打住。他反问惠子说："你又不是我，你又怎么知道我不知道鱼是快乐的呢？"

　　这样的辩论就算是放到今天，依然十分精彩。惠子是什么人呢？他是名家的代表，名家是搞辩论的，惠子不依不饶，再次反问说："我不是你，固然不知道你的想法；但你也不是鱼，那么你也不可能知道鱼的快乐，这个事情很清楚了。"

　　那么惠子说的对不对？从事实到逻辑，完全没有毛病。

　　关键是庄子最后的发言，他到底在表达什么？庄子说："请回到最初的问题，你刚刚问我是如何知道鱼的快乐，那说明你已经认可鱼是快乐的，那我就回答你，我是在濠水的桥上知道鱼的快乐的。"

　　辩论赛就此结束，我们不清楚后面惠子做何反应，整体而言，"濠梁之辩"的结局似乎是庄子胜出。但这种胜出历史上一直有争议，争议的理由是庄子在玩诡辩术，偷换概念。

　　惠子前面问庄子"子非鱼，安知鱼之乐？"这是个疑问句，确切地说是反问句，显然惠子已有答案，那就是庄子"不知鱼之乐"。可到了庄子这里，这话变成了"已知吾知之"，即"你已经知道我知道鱼的快乐"，硬生生地变成了肯定句，最后再来句"我知之濠上"，完全就是不同方向了。对于这一点，最常见的解释是，这里庄子把惠子问的"汝安知鱼乐"，故意理解成"在哪里知道鱼的快乐？"，所以庄子回答"我在濠水上知道的"。古汉语里的"安"字，确实可以当"怎么"讲，也可以当"哪里"讲，所以尽管有偷换概念的嫌疑，但逻辑上勉强说得过去。

问题是：这种诡辩，有什么意义呢？难道庄子就是为了赢吗？如果你这么认为，那么就肤浅了。

当我们抛开文字的表象，从《秋水》《齐物论》的内涵出发，来重新审视"濠梁之辩"，我们会发现这一段其实很像禅宗的打机锋，尤其是庄子的最后一句话，大有禅机，照诡辩术去理解，完全是南辕北辙。

在《齐物论》里，庄子讲过四个字"莫若以明"，这个"明"，也是禅宗常说的"明心见性"的"明"，这里的"以明"，庄子是要我们跳出逻辑思维的陷阱，不纠缠于辩论的话题本身，而直指彼此的本心。所以，理解这个典故的突破口，就在于我们对一个实质性问题的看法，即"庄子真的知道鱼的快乐吗？"

对于这一问题，惠子认为"绝不可能"。众生各有各的身心，本就互不相知，惠子是名家的辩手，他按照专业的逻辑和思维方式，从认知的规律上着手，鱼和人是两种不同的物种，所以人是不可能感受到鱼的喜怒哀乐的。所以，庄子不再纠缠于"你非我""我非鱼"之类的话题，他说的是"请循其本"，一般理解为回到辩论之初，当然也没错。但确切地说，庄子指的是回到辩论之初去反观我们的本心。当惠子前一句问"汝安知鱼乐"的时候，他并没有离开自己的本心，但到了后一句，就完全偏离了本心。为什么这么说呢？这里有个著名的禅宗公案，有助于我们对这个问题的理解。

这个公案，说的是大珠慧海禅师去参访马祖道一，求教佛法。马祖说："我这里一物也无，求什么佛法？自家宝藏不顾，抛家散走做什么？"慧海问："哪个是慧海宝藏？"马祖说："即今问我者，是汝宝藏。一切具足，更无欠少，使用自在，何假外求？"慧海禅师听了这话，当下就悟了本心。

其实，我们的行住坐卧、见闻觉知，一切的一切，从究竟意义上说，都是本心的作用，但一般人意识不到这一点，所以马祖告诉慧海，你问我的当下，那个就是你的本心。禅宗的很多公案，就是在这种让人摸不着头脑的对答之间，玄门顿开。庄子与禅宗的关系，历来是学界一大热门话题。

所以，庄子说"请循其本"是要我们反观本心，很少有人能反观、体认自己的本心，即那个无所不在、无所不知的真我，也即庄子笔下的"真君""真宰""生主""大宗师"等。这个本心，无论你能否体认到它，它都一直在那里，不增不减，不生不灭，就像"薪尽火传"里的火，会永远传下去。

既然本心人人都有，而且时时刻刻都在用，那为什么我们体认不到呢？因为被分别心、执着心给遮蔽了，等于我们用自以为是的后天意识，把那个无所不知的本心封印住了，让它的威力显现不出来。心理学家常常渲染的"灵感""直觉"或"超验体验"等，其实只是在特定因缘下，本心的"惊鸿一瞥"罢了。

我们再回到"濠梁之辩"，看庄子最后那句话，意思就明白了。当惠子问庄子"汝安知鱼乐"的时候，就像慧海禅师问马祖"哪个是慧海宝藏"的时候一样，都不离自己的本心。我们设想一下当时的场景，庄子才感叹了一句"鱼之乐"，惠子马上就问"子非鱼，安知鱼之乐"，惠子这一问的状态就是我们常说的"下意识"，也就是接近于"无心之问"。而当惠子发出第二问，以为自己的论辩无懈可击，得意扬扬的时候，就完全偏离了本心。所以，庄子并没有跟他在逻辑上纠缠，而是让他"循其本"，回到第一问"汝安知鱼乐"的状态，目的正是要他"发言当下，自反观也"。

庄子接着说"既已知吾知之而问我，我知之濠上也"，意思是说，其实那个时候，你惠子的本心已经知道"庄周知道鱼的快乐"这个事实了，然而你还要问我，那我就告诉你，我是当下在濠水之上知道的，换句话说，我也是用自己的本心知道的。本心，从来就遍知一切，而且从来就在此时此地。

回到前面的问题，庄子到底知不知道"鱼之乐"呢？其实，庄子是知道"鱼之乐"的。《齐物论》中有言"天地与我并生，而万物与我为一"，一个"与万物为一"的人，会不知道"鱼之乐"吗？

用成玄英在《庄子疏》里的话说：庄子是"善达物情，故知鱼乐"，惠施则"不体物性，妄起质疑"。

惠子和庄子，一个是未悟道的常人，虽才华横溢却昧于本心，一个是悟道的圣人，了悟本心，善用本心。别看庄子常跟惠子一块出游，也常打嘴仗，两人的精神境界可不在一个维度，庄子和惠子境界差别太大，但这不影响他们俩成为好朋友，但那只是人间事而已。

表面上看庄子也是个人，但他的精神境界已远远超越人道这个维度。庄子是道家的，道家不讲逻辑和推理，道家讲道，讲艺术审美，所以庄子是带着一种"与自然要乐"的心态在欣赏大自然。所以，人快乐鱼也就快乐。

所以，在濠梁之上，庄子所讲的"鱼"，其实化身为自己，所以你问我快乐吗？我回答是"我很快乐"。庄子就是鱼，鱼就是庄子。

同样的，《逍遥游》里的大鹏鸟，其实也是庄子的化身，庄子的使命就是突破自我的局限，寻找自由的天空，最终探寻天道。而《齐物论》当中的"庄周梦蝶"，更是一种物我两忘，庄周进入蝴蝶的梦里，蝴蝶也同时进入庄周的梦里。

所以，在庄子的世界里，可以与鱼虫鸟兽对话，可以与花草树木对话，可以与天空的云彩对话，可以与宇宙星辰对话。这种境界，这种格局，哪里是惠子能比的？

一场史诗级的"人天对话"

生命就是一场游戏，所有人的起点和终点都是一样的，不同的是过程的体验不同，而我们所有人，无一例外的，被一股未知的力量推进了游戏当中。

我们为什么要玩这场游戏？怎么算赢、怎么算输？生命的"底牌"到底是什么？庄子的《天运》给你想要的答案。

《天运》开篇就是连珠炮般地发问："天其运乎？地其处乎？日月其争于所乎？"等等，想必孩童时期的我们，面对大自然，都有过类似的疑问。

天动地静，日升月落，寒来暑往，云行雨施，这一切现象的背后，谁是那个推动者呢？勉强算得上答案的，叫"天道"。

了解天道、遵循天道，是人类自古就必须面对的大课题，所以庄子说："天有六极五常，帝王顺之则治，逆之则凶。"

但怎样算"顺之"，怎样算"逆之"？各家理解又不一样，所以才有了百家争鸣，诞生了诸子百家学说。

庄子在《天运》里，给我们展示了一场史诗级的人天对话，人代表着"人道"，天代表着"天道"，对话双方代表分别是儒家的创始人孔子以及道家的创始人老子。在这里，孔子化身为人道，老子则化身为天道。

第一场对话：

> 孔子行年五十有一而不闻道，乃南之沛见老聃。老聃曰："子来乎？吾闻子，北方之贤者也！子亦得道乎？"孔子曰："未得也。"老子曰："子恶乎求之哉？"曰："吾求之于度数，五年而未得也。"老子曰："子又恶乎求之哉？"曰："吾求之于阴阳，十有二年而未得也。"（《庄子·天运》）

孔子在 51 岁时，尚未领悟到"道"的真谛，于是他南下到沛地去拜访老子。老子对孔子的到来表示欢迎，并询问孔子是否已经领悟"道"。孔子回答说还没有。老子进一步询问孔子是如何寻求"道"的，孔子先是说他试图通过研究古代典章制度来寻求"道"，但五年过去了，仍未有所得。随后，孔子又说他尝试从阴阳变化中去寻求"道"，但 12 年过去了，仍然没有找到。

这段对话反映了孔子对于"道"的追求过程，以及他在寻求"道"的过程中所遇到的困惑和挑战。

老子接着说："这就对了，道不可以用世间法去求，否则，人们早就把道给了自己的君主，或者给了自己的亲人、兄弟、子孙了。"

那为什么不可以呢？因为道在心，应该内求而非外求，所以老子有句很关键的话，叫"中无主而不止，外无正而不行"。这里的"主"，就是自性、真我。

这句话意思是说，一个人若不见性，没有自我，就无法得道。而得道之后，如果外缘不合，也无法行道。

> 古之至人，假道于仁，托宿于义，以游逍遥之虚，食于苟简之田，立于不贷之圃。逍遥，无为也；苟简，易养也；不贷，无出也。古者谓是采真之游。（《庄子·天运》）

而对于儒家推行的仁义，老子很形象地说，仁义就像先王的馆舍一样，住一晚上可以，但是不能长住，否则就会出乱子。

老子接着说，古代至人把仁义当成路上的旅馆，而逍遥无为、生活俭朴、心无挂碍，才是真正的精神家园，这就是所谓的"采真之游"。

相反，世人过于贪恋财富、权位，得到了，害怕失去，失去了，难免痛苦。殊不知，这些东西迟早会失去，一个人即使富贵一生，也逃脱不了最终的幻灭，掌控不了生命的流转。不了解这一点的人，"天门弗开矣"，还没有开窍啊！

第二场对话：

孔子见老聃而语仁义。老聃曰："夫播穅眯目，则天地四方易位矣；蚊虻噆肤，则通昔不寐矣。夫仁义憯然乃愤吾心，乱莫大焉。吾子使天下无失其朴，吾子亦放风而动，总德而立矣。"（《庄子·天运》）

在这场对话中，孔子跟老子大谈仁义。

"孔子见老聃而语仁义"，老聃则以比喻的方式回应，表达了对孔子所谈仁义的批判。老聃认为，如果播撒穅米眯住了眼睛，那么，天地四方的位置看起来都会颠倒；如果蚊虫叮咬皮肤，那么，整夜都无法安眠。

这说明过分强调仁义，会使人心迷失方向，造成混乱。老聃进一步指出，孔子应该让天下人不失其本真的纯朴，而孔子自己也应该顺应自然，保持内心的平和与德行。

也就是说，你只要牢牢把握道，守一不二，让人民保持他们的素朴，这就是《道德经》说的"我无为而民自化""我无欲而民自朴"。

老子又言，天鹅无须每日洗澡仍洁白无瑕，乌鸦无须每日染黑亦黑得自然。这表明万物皆有其固有的本性，这种本性是不可改变的。如果强行推行仁义，反而会扰乱人的本性，导致适得其反的效果。

在道家思想中，强调的是顺应自然的"无为"之道，与儒家强调的社会伦理和"君子之道"形成鲜明对比。儒家注重社会和个人伦理关系的建设，追求人性的完善；而道家追求的是自然状态下的自由和平静，强调"无为而治"，即不妄为，任百姓自然而然地发展。

因此，在老子和庄子看来，所有的礼仪规范都是违背自然本性的，是对人的本性的一种约束和限制，是一种人为和有为的行为，而所有的人为，在道家思想看来都是违背天道的。

孔子见老聃归，三日不谈。弟子问曰："夫子见老聃，亦将何规哉？"孔子曰："吾乃今于是乎见龙！龙，合而成体，散而成章，乘云气而养乎阴阳。予口张而不能嗋，予又何规老聃哉！"（《庄子·天运》）

孔子见完老子回来之后，三天没有说话。他的弟子们感到好奇，便问道："老师，您见到老子之后，可曾提出什么规劝呢？"孔子回答说："我现在才真正见到了龙！龙，是聚合而成形体，分散开来则成文章，它能够乘着云气，在阴阳之间自由游弋。我张着口却无法合上，我又怎么能对老子提出什么规劝呢！"

这段话反映了孔子对老子的深刻理解和尊敬。通过将老子比作"龙"，孔子表达了老子深不可测、变化无穷的智慧和境界。孔子认为自己在这次会面中受益匪浅，以至于无法用言语来表达自己的感受和领悟。

这时子贡出场了，他说难道世上真有这样的人，他能"尸居而龙见，雷声而渊默，发动如天地者乎？"这几句讲的，就是不言而言、不行而行的"无为之道"。

于是子贡前去拜见老子，他问老子：三皇五帝是公认的圣人，您为什么偏偏否认呢？

老子说：黄帝治理天下时，实现了民心的统一，使得民众即使在面对亲人的死亡时也能保持内心的平静，不会因此而哭泣或非议他人。尧帝时期，他通过强化人与人之间的亲情联系，使得人们开始有了区分和偏爱。舜帝则进一步推动了竞争心态的形成，人们开始相互竞争，争夺利益。到了大禹的时代，他的治理方式导致了民心的根本变化，引发了广泛的恐慌和社会动荡，儒家和墨家等思想流派相继出现。

在老子看来，三皇五帝治天下，不固守道德而倡导仁义，"使天下失其朴"，虽然当时有美名，但其实是后世大乱的根源。

所以，合于天道的人，是"达于情而遂于命"，即通达万物之情而随顺天命，这才是真正的圣人。

第三场对话：

孔子谓老聃曰："丘治《诗》《书》《礼》《乐》《易》《春秋》六经，自以为久矣，孰知其故矣：以奸者七十二君，论先王之道而明周、召之迹，一君无所钩用。甚矣夫！人之难说也，道之难明邪？"（《庄子·天运》）

孔子再一次拜见老子说："我研究《诗》《书》《礼》《乐》《易》《春秋》这六部经典，自认为已经很久了，我就用这些经典去劝导的七十二位君主，虽然讨论了先王的治国之道并阐明了周公和召公的事迹，但没有一位君主采纳了我的主张。我真是太难了！"

老子说："六经都是先王的陈迹而已，你为什么不去找到适合自己的鞋子，去行自己的道呢？”

老子又说，就像自然界不同的生物，有不同的受孕方式，这是天意，非人力可为，所谓"性不可易，命不可变，时不可止，道不可壅"。

所以，处世贵在应时而变，但万变不离其宗，这个"宗"就是自性，就是实相，就是天道。

老子最后说："苟得于道，无自而不可；失焉者，无自而可"。老子认为，一旦人们能够理解和顺应这个"道"，那么他们就能够做到任何事情，因为"道"是无所不在、无所不能的。相反，如果失去了对"道"的理解和顺应，那么即使想要做些什么，也会感到力不从心。

孔子不出三月，复见曰："丘得之矣。乌鹊孺，鱼傅沫，细要者化，有弟而兄啼。久矣，夫丘不与化为人！不与化为人，安能化人！"老子曰："可。丘得之矣！"（《庄子·天运》）

孔子闭关了三个月，又来见老子，感慨地说："太久了，我没能与天道同化，又怎么能教化人呢！"

老子说："孔丘，你得道了。"

所谓得道，就是证悟实相，也就是在生命这场游戏中，你已经看清了所有的"底牌"，一切变得游刃有余，你怎么做都对，都能赢。反之，缺了"得道"这一环，你怎么做都错，不管你以为自己赢了多少，最后你还是会输。

当然，从究竟义上讲，只有迷悟，没有输赢。

其实，庄子讲的还是我们怎样超越人道、合于天道，重点是不要被任何人为的东西遮蔽了自性，当你的自性现前，看清了所有的"底牌"，生命这场游戏，你怎么可能赢不下来？

庄子如何影响中国文化两千年

民国的时候，西南联大有个大学问家叫刘文典，他在西南联大开设讲授《庄子》课。有一天，学校突然遭受敌方空袭，很多教授和学生就纷纷逃命，其中就有刘文典。

这时候，刘文典突然看到一个年轻人跑得还挺快，这个人就是大作家沈从文，见此情形，刘教授就生气了，气喘吁吁地对沈从文说："你跑什么跑，我刘文典跑是为了《庄子》跑，我要死了就没人讲《庄子》了。"

尽管这段故事的真实性有待考证，但它却成为人们津津乐道的话题。在刘文典看来，全世界只有两个半人能够真正读懂《庄子》。这两个人中，一个是庄子本人，另一个则是他刘文典。而那半个，则是指历史上对《庄子》有深刻注解的西晋哲学家郭象。

刘文典一生酷爱研究《庄子》，1939 年他出版了自己的研究著作《庄子补正》。此书一出，刘文典很快在全国学术界赢得了"庄子专家"的称号。每当他在西南联大讲授《庄子》课程时，他总是以一句引人注目的开场白开始他的讲座："《庄子》嘛，我是不懂的，也没有人懂！"

从中我们可看到刘文典既自信又有些狂傲，不过，我们还是可以从故事中看到他对研究《庄子》的狂热之情。那么，懂庄子就这么重要吗？值得用自己的生命去保护吗？

庄子的思想与老子的思想共同奠定了道家哲学体系的基石，在中国两千多年文化中的地位极为重要，其影响深远且多方面。

首先，关于庄子对中国文学艺术的影响

郭沫若先生在他的《鲁迅与庄子》一文中，盛赞庄子说："秦汉以来的一部中国文学史，差不多大半是在他的影响下发展。"

乍一看，似乎这样的评价有些夸张，但足见庄子对中国文学影响之深。我们通过唐宋两位诗词巨匠来反观庄子的历史影响力，这两位都是庄子的"铁粉"，如果没有庄子，或许他们写不出如此具有想象力和浪漫主义思想的诗词。

第一位就是唐朝诗仙李白。庄子现存的内篇外篇杂篇一共 33 篇，李白的诗中就借鉴了 24 篇。

"大鹏一日同风起，扶摇直上九万里"，李白对庄子笔下的大鹏形象情有独钟，多次在诗中借用这一形象来表达自己的情感和志向。《庄子》中的《逍遥游》描绘了鲲鹏展翅高飞的壮丽景象，其广阔的意境和雄浑的气势深受李白赞赏，认为这是仙人所作。庄子的浪漫主义风格深深影响了李白，使他在诗歌创作中敢于使用夸张和奇特的想象，以极具热情奔放的方式表达思想感情。

另一位是北宋大文学家、词人苏轼。《庄子》整个 33 篇中，只有一篇没有被他引用过。

据《宋史·苏轼列传》记载，当苏轼第一次读到《庄子》时，莫名地哭了，眼泪是哗哗哗往下流，赞叹说：过去，我有很多话说不出来，看到《庄子》以后，我终于知道我要说什么了。

庄子首次采用了寓言这一艺术形式进行创作。通过讲述寓言故事的方式，以轻松幽默的风格传达深刻的哲理和思想内涵，使得这些道理更加易于理解和记忆，从而便于其传播和分享。

庄子的寓言创作不仅为小说的发展奠定了基础，而且创造了条件。

尽管寓言本身并不属于小说范畴，但其蕴含的丰富想象力为小说的艺术创作提供了重要的想象资源。《庄子》作为中国古典小说的重要源头，对中国古代小说的发展产生了深远的影响。此外，《庄子》中的一些概念和表达方式，如"志怪"等，也概括了中国古典小说的审美精神。因此，可以说，《庄子》对中国古典小说的发展起到了推动作用。

庄子还是一位语言创造大师。他的语言对后世产生了深远的影响，许多今天耳熟能详的成语都源自《庄子》，这些成语不仅丰富了汉语词汇，也成了传承中华文化的重要载体。庄子的思想和语言风格，对中国文学艺术的发展产生了不可磨灭的影响，使他成为中国文化史上一位重要的文化符号。

其次，关于庄子对中国哲学及传统文化的影响

庄子的哲学思想对中国传统文化和哲学产生了深远的影响。以魏晋时期的玄学为例，玄学作为这一时期的主要哲学思潮，其理论基础在很大程度上受到了庄子思想的影响。

魏晋时期的玄学，又称为"魏晋风度"或"清谈"，是一种结合了道家和儒家思想的哲学流派，其中庄子的哲学思想对玄学有着深远的影响。魏晋玄学强调自然无为、个性解放和超然物外的精神追求，这些都与庄子的核心思想有着直接的联系。正如闻一多在《古典新义》中所说："一到魏晋之间，庄子的声势忽然浩大起来，像魔术似的，庄子忽然占据了那全时代的身心，他们的生活，思想，文艺，整个文明的核心是庄子。"

魏晋玄学的一个重要特征就是"清谈"，即通过哲学讨论和辩论来探求道理和真理。此时，庄子的思想成为玄学家讨论的焦点之一，特别

是"竹林七贤"中的阮籍和嵇康，他们不仅深受庄子自然人性论的影响，而且在各自的言行中积极地体现了这一思想。

阮籍的《达庄论》是魏晋时期文人对庄子思想的一种独特解读和实践，体现了魏晋风度中的超脱与逍遥。阮籍在《达庄论》中亦提倡顺其自然、不强求的生活哲学，强调按照自己的本性行事，而非迎合社会的期待和规范。

嵇康的《养生论》继承了庄子的《养生主》，两者都主张只有当精神不受外界物质，尤其是功名利禄的影响时，人才能专心致志于道，实现与天地精神的交流。

总之，庄子思想对魏晋玄学的影响是深刻而广泛的，它不仅为魏晋时期的哲学讨论提供了丰富的思想资源，也影响了当时士人的生活态度和价值观，促进了中国古代哲学和文化的发展。

遇见庄子是你我一生的幸运

"人生得意时要读《庄子》，人生失意时更要读《庄子》"，这是我读《庄子》最深切的领悟和体会。

庄子的哲学思想，特别是其对生命意义的理解和对人生态度的指导，为人们在得意与失意时提供了不同的精神慰藉和生活指导。首先，庄子认为生命的意义不在于庸俗地活着，而在于逍遥自在地神游，追求与自然合一的生活状态。这种思想对于处于人生低谷的人来说，是一种极大的心灵慰藉。

庄子的人生哲学强调淡泊名利，主张人应超越功名利禄，感悟人生的至高境界。这对于那些在人生得意时可能过于沉迷于物质或名誉的人来说，是一种必要的提醒和警示，帮助他们保持一颗平和的心态，不被外界的喧嚣所迷惑。

庄子的思想还包含了对生死、名利的豁达情怀，以及通过"坐忘"和"心斋"达到心灵的自由和解脱。这些思想对于处于人生失意时的人尤其有指导意义，它们能够引导人们以更加积极的态度面对生活中的困难和挑战，探索理想人生的新阶段。

此外，庄子的哲学思想还具有深刻的美学价值，他笔下的意象繁华，大鹏展翅等形象，能够让人在失意、受伤的时候豁然开朗。这种美学心境不仅能够治愈人的精神内耗，还能让人在精神上获得一种超越感，从而更好地面对生活中的不如意。

有人说，《庄子》比《论语》更入世，这有一定道理。

事实上，庄子比孔子更关心你，庄子关注的是作为一个人，你要如何去享受快乐、幸福与自由？你要如何在乱世中去保全自己，如何学会养生并活到自然终老？你要如何在复杂的人世间过好这一生，并最终找到人生的意义和价值？所有这些问题，同样是我们今天所面临的"如何生活"的难题。

或许你会认为庄子离我们太久远了，但庄子所谈论之处世、养生、快乐、幸福、自由及生命意义等，离我们又很近很近。可以这么说，一旦你想探讨或寻找人生智慧的时候，庄子就离我们很近，或许两千多年前庄子的思考，可以为我们今天的生活提供一个参考的版本。

所以说，遇见庄子是你我一生的幸运。

当人们觉得生活无趣时，幸好我们有庄子。

当我们读到《逍遥游》："北冥有鱼，其名为鲲，鲲之大，不知其几千里也。"我们可以感受到一种波澜壮阔的景象。正如蒋勋老师所言：

"幸好我们有庄子,一个民族的文化才不会让人沉闷无趣到昏昏入睡。"

当人们感觉困厄难行时,幸好我们有庄子。

当我们读到《大宗师》:"相濡以沫,不如相忘于江湖。与其誉尧而非桀也,不如两忘而化其道。"在纷扰复杂的世界中,追求一种超脱和平和的心态,庄子活得如此人间清醒,难怪曾国藩说:"吾好读《庄子》,以其豁达足益人胸襟也。"

当人们沮丧失意时,幸好我们有庄子。

当我们读到《知北游》:"人生天地之间,若白驹之过隙,忽然而已。"庄子感叹生命是如此短暂而又宝贵,苏轼对此深有共鸣,他曾说:"吾昔有见,口未能言。今见是书,得吾心矣!"当苏轼遇到生活中的困境和政治上的失意时,庄子的思想为他提供了全新的思考角度和灵感来源。

今天,我们重读《庄子》,就是读灵魂深处的自己

近年来,随着"躺平""松弛感""求佛上香"成为热门话题,接近遁隐的生活态度引发全社会的关注。在面对无法逃避的竞争压力时,年轻一代寻求退出的途径,他们不仅向当代的人文学者求助,也向历史上的智者寻求答案。庄子在《逍遥游》里想表达的真正的逍遥,真正的自由,只能源于人的内心世界,叫"独与天地精神相往来"。对于事业、功名等外在,他都想通过自己内心潜力无限的精神世界予以摆脱。

所以我在想,我们为什么时常感到不快乐,大概就是因为我们的内心被太多东西所束缚,自然也就不会感到快乐。有智慧的人不为外物所滞所伤,能够外圆内方,与世推移,于人世间能够安时处顺,乘物游心的生活态度。

南京大学历史系教授颜世安说:"年轻时读《庄子》爱其自由,后

觉自然才最重要。"

　　或许，人会在一生的不同阶段多次与庄子相遇。大概喜欢读《庄子》的人，都会有相似的感受，几乎人生不同阶段重读，都会有不同的体会和收获。

　　少年时读《庄子》，被"鲲化为鹏"的想象力和"飞上九天"的宏大画面所吸引，这时领悟的是一种变化及进化的思想。青年时读《庄子》，爱其逍遥、自由、洒脱、浪漫和无所拘束。而中年之后再读《庄子》，顿感庄子思想中绝非只有"生命自由"，还有另一层更高理想"生命清新"。

　　什么是"生命清新"？核心是回归自然的"无我"。人生理想之境最终指向自然，是面对和解决人自身的内在黑暗，这个理想就称为"生命清新"。

　　大多数人可能更重视人生的自由而非自然，因此，逍遥游所代表的自由飞翔之境容易引起广泛共鸣。然而，庄子的思想实际上将"自由"和"自然"视为人生理想的两个重要方面，其中"自然之境"的意义更为深远和关键。

　　陈鼓应教授在其著作《老庄新论》中提出，庄子的思想主张将人的生命融入广阔的天地之中，以此探索生命的意义，并使人的精神能够与宇宙之间建立一种无限和自由的联系与融合。此外，他还强调了将人的精神提升至一种超越现实的艺术境界的重要性。陈鼓应教授的这一观点，或许正是对庄子"生命清新"与"自然之境"的最好解释。

最后，我想谈谈关于生命意义的问题

　　人生到底有没有意义？这是一个几千年来争论不休的哲学命题。

庄子在《人间世》里说:"山木,自寇也,膏火,自煎也……人皆知有用之用,而莫知无用之用也。"如果你是有用的木材,那你注定是要被砍伐的;如果你是膏火,那你生下来就是要被煎的。人们都知道有用才有意义,却不知道那些看似无用的东西,实际上却蕴含着让人彻底改变人生的秘法。

焦虑抑郁症是现代人的通病,焦虑抑郁症的初期特征就是想把每件事都找出来一个意义来。这样的人想问题往往更加深刻,可越是深刻,越容易最后得出"一切都没有意义"的结论。

比如,人们认为上学是为了未来的工作,工作则是为了获得收入,而赚钱的目的在于结婚,结婚后又为了生育后代。随后,孩子的成长过程中又需要接受教育,而教育的目的是将来能够工作,形成一个循环。这种思考方式最终会导致人们感到人生毫无意义,进而产生消极和悲观的情绪,感觉自己似乎洞察了一切,看着周围的人们忙碌奔波,甚至觉得这一切都很可笑。

宋代禅宗大师青原行思提出参禅的"三重境界":参禅之初,看山是山,看水是水;禅有悟时,看山不是山,看水不是水;禅中彻悟,看山还是山,看水还是水。

青原行思的参禅三境界,对应着人生的"三重境界":看山是山,看山不是山,看山还是山。同样的,人生到底有没有意义的问题,对应着人生的三个阶段:第一阶段是"寻找人生的意义",第二阶段是"发现人生没有意义",第三阶段是"人生无所谓意义"。

每一个人的一生都要经历这三个阶段,才能活得像庄子那样人间清醒。什么是"人生无所谓意义?"这就是庄子的"无用之用方为大用"的智慧了,就是你心里越不刻意,越不在乎结果,结果反而更好。你越是过度思考意义,就越容易陷入迷茫的境地。所以,人生到了第三阶段,是跳出意义陷阱，找到自己真正热爱的事，这个时候就无所谓意义了。

人活着本就不是为了有意义，人活着是为了感受过程的美好，人只有失去美好的时候才会思考意义。所以去寻找自己的热爱，真正的钓鱼高手只是喜欢钓鱼的过程，真正的艺术家只是喜欢创作的感觉，真正的烹饪大师只是喜欢做饭的气氛，如果他们也去追求所谓的意义，那真的是毫无意义。

所以，人生本无意思，也无所谓意义，真正的意义就是做你真正热爱的事，并且好好享受那份美好的感觉，如此而已。

最后，诚如南怀瑾先生有言："有人陷入烦恼，我就建议他读《庄子》。"期待本书能与各位读者共勉，在短暂的人生旅途中，遇见庄子，遇见自己。